# L'INITIATIVE SECTORIELLE EN FAVEUR DU COTON AFRICAIN

**5-7, rue de l'École-Polytechnique ; 75005 Paris**

http://www.librairieharmattan.com
diffusion.harmattan@wanadoo.fr
harmattan1@wanadoo.fr

ISBN : 978-2-296-04028-1
EAN : 9782296040281

**Annick GOUBA**

# L'INITIATIVE SECTORIELLE EN FAVEUR DU COTON AFRICAIN

## Une négociation entre souverains inégaux

L'Harmattan

## Entreprises et Management

*Collection dirigée par Ludovic François*

La collection *Entreprises et Management* est destinée à accueillir des travaux traitant des questions liées aux sciences de gestion et à l'entreprise. Les ouvrages publiés ont pour la plupart une vocation pratique. Certains d'entre eux sont issus de thèses professionnelles soutenues à HEC.

## Déjà parus

K. LEMASSON [et.al.], *Eau et paix au Moyen-Orient. La mer à boire : une solution durable ?*, 2007.
E. RIOT, *Entrepreneurs, investisseurs, entre confiance et allégeance,* 2006.
F. DUPUICH RABASSE, *La gestion des compétences collectives*, 2006.
D. LOTH, *Le management interculturel*, 2006.
C. LAPASSOUSE MADRID et M.-C. MONNOYER LONGE, *La dimension numérique dans la stratégie commerciale. Brique.com*, 2005.
D. SCHMAUCH, *Les conditions du leadership*, 2005.
B. BARATZ, P.-A. BAUQUIER, J. DE VIDAS, *Le business en Irak*, 2005.
B. BARATZ, *L'économie mondiale en mouvement*, 2005.
G. LHOMMEAU, *Le droit international à l'épreuve de la puissance américaine*, 2005.
G. RENARD, *Les règles communautaires en matière d'Etat et la fiscalité*, 2005
B. GIBERT, A. MARAUT, B. TELLE, *Et après le pétrole ? Risques et enjeux géopolitico-financiers pour les Emirats Arabes Unis*, 2005.
Alain BOLLE, *Le produit de la délinquance de proximité. L'économie souterraine*, 2004.
L. MOUTAMALLE, *L'intégration du développement durable au management quotidien d'une entreprise*, 2004.

## Remerciements

Jean-Louis Terrier, pour votre soutien, votre encouragement et votre capacité à vous rendre disponible, je vous exprime ma gratitude.

Nos entretiens à bâtons rompus avec Georges Courrèges et Théophile Gouba - nous n'avons refait que quelques bouts du monde, avec optimisme, colère parfois, mais toujours avec beaucoup d'espoir - ont été d'une grande aide dans ma réflexion. Je vous suis reconnaissante de ces quelques discussions.

Nanou, Michel Jacquet, Sandra, Damien, Stéphanie, lecteurs patients de « passages » portant sur un sujet qui ne fait pas forcément partie de vos préoccupations immédiates, un grand merci !

Nous tenons aussi à remercier Michel Delarue et Michèle Mosiniak de l'Université Pierre et Marie Curie qui nous ont permis d'utiliser leurs superbes clichés.

Martin…
… « Sans qui les choses ne seraient que ce qu'elles sont ».

# Sommaire

# INTRODUCTION

En ce début de troisième millénaire, les discours sur l'état de l'Afrique connaissent un grand changement sémantique ; en effet, il n'est plus question d'ajustement structurel, accusé d'être à l'origine de l'indigence des populations les plus vulnérables, mais de lutte contre la pauvreté. La marginalisation de l'Afrique dans un processus de mondialisation qui ne contribue pas à son développement n'est un secret pour personne. Le continent africain abrite 910 millions de personnes mais n'a qu'une contribution « anecdotique » dans le commerce international. La stagnation ou dégradation de nombreux indices tels que l'Indice de Développement Humain, l'espérance de vie, le revenu par habitant, contribuent à nourrir un afro pessimisme persistant. À quand un développement de l'Afrique ? Le caractère incontestable du consensus de Washington s'est un peu terni avec le temps et les inégalités constatées. De même, les politiques menées par les institutions de Bretton Woods sur ce continent depuis les années 1960 sont critiquées avec une hardiesse nouvelle par des associations et des ONG puissantes qui constituent une partie très visible de la « société civile », expression floue et très débattue, en vogue depuis vingt ans.

C'est dans ce contexte qu'un 14 septembre 2003, à la consternation « officielle » de tous ses membres, la conférence ministérielle de Cancùn, s'achève sans consensus. Les raisons sont multiples mais les positions divergentes sur les cinq thèmes principaux que sont les Questions de Singapour, l'agriculture, les tarifs industriels, les services et le coton, l'opposition Nord-Sud réelle ou supposée mise en exergue par les ONG, et la forte pression médiatique, sont des facteurs explicatifs majeurs.

À cette occasion, un illustre inconnu fait une entrée remarquée sur la scène des négociations commerciales internationales : le coton.

Dès l'évocation de cette question du coton, les porte-paroles africains insistent sur la volonté des producteurs de leur pays de vivre grâce à leur travail, « à la sueur de leur front », de subvenir dignement à leurs besoins sans être dépendants d'une aide venant d'ailleurs. Quoi de plus noble ?

Le coton devient un emblème dont la force ou le danger est qu'il revêt le sens que lui donne celui qui le brandit. Ainsi, pour les représentants des associations des producteurs ouest et centre africains, le coton devient le symbole de la lutte des pays africains pour la survie de leurs filières, la dignité de leurs paysans et la défense d'un secteur stratégique de leur économie. Pour les ONG alter mondialistes, cette question confirme et illustre leurs critiques sur le manque de démocratie, l'opacité et l'injustice du fonctionnement de l'OMC. Le sort de dix millions de cotonculteurs, l'urgence de leur situation, la disproportion du rapport de force entre les producteurs Ouest et centre africains et les géants états-uniens et européens, et la simplicité de l'argumentaire utilisé par les défenseurs du coton africain en font, à Cancùn, un sujet taillé selon les exigences des médias contemporains qui se sont fait les relais puissants des positions en faveur du coton africain. La polémique se développe à tel point que c'est à l'aune de la réponse donnée à la *question du coton* que certains décident de mesurer le sérieux du cycle de Doha.

Cette question du coton est introduite à l'OMC sous la forme d'une *Initiative sectorielle en faveur du coton*. Elle est soumise au comité de l'agriculture de l'OMC le 30 avril 2003 par le Bénin, le Burkina Faso, le Mali et le Tchad qui soulignent l'importance du coton pour leurs économies et les effets des distorsions que causent les subventions états-uniennes et européennes sur les cours et la production mondiale de cette matière première. « Les contrastes sont frappants. Les subventions allouées aux producteurs de coton américains dépassent de 60 pour cent le PIB total du Burkina Faso, où plus de deux millions de personnes dépendent de la production cotonnière. La moitié des subventions cotonnières aux producteurs américains (près d'un milliard de dollars) va à quelques milliers d'exploitants cultivant plus de 1 000 acres de coton et donc bien au-dessus du seuil de pauvreté. Par contre, dans les pays de l'AOC, ces subventions pénalisent un million d'exploitants ne cultivant quc 5 acres de coton et vivant avec moins d'un dollar par personne et par jour. »[1]

Les pays africains apparaissent là où on ne les attendait pas : dans l'Organisation Mondiale du Commerce, héritière de l'Accord général sur les tarifs douaniers et le commerce. Cette institution, régulatrice en chef du commerce international, n'est pas réputée pour sa grande considération des demandes des pays en voie de développement qui semblent avoir longtemps été plus spectateurs qu'acteurs. Le cycle de Doha avec ses orientations sur le développement tend à faire évoluer l'image de l'institution.

Au travers de cette initiative, le C4 se veut une force de proposition dans un secteur qui, pour lui, est vital, un secteur dans lequel les pays coauteurs ont accepté d'effectuer des réformes douloureuses, sous la houlette des institutions internationales. Somme toute, le secteur cotonnier, une des rares *success story* du continent en matière économique, fonctionnait, jusqu'à ce qu'une baisse historique des cours du coton en 2001, suivie de leur dégradation régulière, ne mette en péril les filières cotonnières, et toutes les personnes qui en vivent.

*Réduction de la pauvreté : initiative sectorielle en faveur du coton*. Le titre de cette initiative est une bonne synthèse du contenu. Cette initiative souligne les incohérences des politiques

1 *Réduction de la pauvreté : initiative sectorielle en faveur du coton, Proposition conjointe du Bénin, du Burkina Faso, du Mali et du Tchad*, 16 mai 2003, TN/AG/GEN/4, p. 4

d'aide au développement et des politiques commerciales, elle pose la question d'une libéralisation qui omet la capacité et la volonté des pays industrialisés à soutenir leurs productions et leurs exportations tout en demandant aux pays en voie de développement de jouer le jeu de cette libéralisation alors que les armes ne sont pas égales.

Apparaît en filigrane, tout au long du texte, une mise en doute du caractère équitable du système commercial international. Cette initiative interpelle sur le sérieux des engagements de Doha sur la question du développement, elle présente des recherches qui tendent à souligner les effets de distorsion des subventions américaines et européennes sur les prix du marché mondial, et les impacts de ces dernières sur la production et la concurrence internationales. Sans elles, « la production de coton des pays de l'AOC serait largement rentable et susceptible d'avoir un effet de levier important sur la réduction de la pauvreté dans les pays concernés », peut-on lire. La première *exigence* des quatre pays africains est « la reconnaissance du caractère stratégique du coton pour le développement et la lutte contre la pauvreté dans de nombreux PMA ». Si ce point était acquis, il deviendrait *politiquement difficile* aux membres de l'OMC de ne pas prêter attention à cette initiative.

Le C4 demande une suppression progressive de la totalité des subventions qui ont un effet de distorsion sur le marché du coton. Se pose alors le problème de la définition des termes « distorsion », « subvention » et « mesures de soutien interne ».

▪ « Une mesure ou une intervention sont sources de distorsions dès lors qu'elles modifient l'allocation des ressources dans un sens différent de celui qui serait issu du marché idéal »[2] dans lequel la concurrence serait pure et parfaite. Dans cette théorie développée par Léon Walras au XIXe siècle, de nombreux offreurs et

---

2 Pierrick Fraval, *Éléments pour l'analyse économique des filières agricoles en Afrique sub-saharienne*, Bureau des politiques agricoles et de la sécurité alimentaire, décembre 2000, p. 28

demandeurs se confrontent dans un marché libre, fluide, transparent et sans barrière. La réalité est bien différente de la théorie. C'est pourquoi les modèles économiques intègrent l'absence ou l'aspect relatif de certaine(s) des cinq qualités définissant le modèle walrassien pour effectuer des simulations aussi proches que possible de la réalité.

▪ La définition du terme subvention est problématique car il n'existe pas « d'accord universel à propos de la définition d'une subvention »[3]. Ces termes ont été utilisés par des experts après une consultation organisée dans le cadre de la FAO, en novembre et décembre 2000, afin de trouver une définition opérationnelle. Bien que leur réflexion soit axée sur le secteur halieutique, ce travail de définition semble pertinent pour notre étude. Les experts ont procédé à une première définition qui divise les subventions en « types » ou « modalités », utilisés dans le discours politique. Quatre groupes ont été établis :

- « Les transferts financiers des pouvoirs publics qui réduisent les coûts et/ou augmentent les revenus des producteurs à court terme […]
- Toute intervention des pouvoirs publics, qu'elle implique ou non un transfert financier, qui réduit les coûts et/ou augmente les revenus des producteurs à court terme (exemptions, reports d'impôts, assurances, prêts, garanties de prêts émanant des pouvoirs publics, la fourniture de biens ou de services à des prix inférieurs à ceux du marché) […]
- Les avantages à court terme pour les producteurs, qui résultent de l'absence d'interventions ou de l'intervention limitée des pouvoirs publics pour éliminer des distorsions (imperfections) de la production et des marchés […]
- L'intervention des pouvoirs publics, ou l'absence d'interventions correctives, qui ont une incidence sur les

3 http://www.fao.org/docrep/004/X9143F/x9143f05.htm#TopOfPage

coûts et/ou les revenus liés à la production et à la commercialisation » d'un produit *donné*

Une autre définition, centrée sur l'impact des subventions, divise celles-ci en deux « catégories » : les mesures qui ont une incidence sur les coûts de production et de commercialisation et celles qui permettent une amélioration des revenus des producteurs.

Simples dépenses budgétaires, ou « mesures gouvernementales ayant pour effet de modifier les conditions du marché »[4] ? Le périmètre de la définition des subventions est difficile à délimiter, les deux éléments admis de manière générale sont l'intervention de financements publics et la production d'avantages pour certains groupes. La difficulté essentielle réside dans l'aspect contextuel des définitions du terme subvention. Dans un même pays, des définitions différentes peuvent avoir cours selon les besoins auxquels elles répondent. Selon le rapport sur le commerce mondial en 2006, produit dans le cadre de l'OMC, le montant global des subventions pratiquées dans le monde est estimé à une somme supérieure à 1000 milliards de dollars par an, soit 4 % du PIB mondial. Un tel chiffre n'a pas de signification réelle car il est impossible de savoir quels types de subventions sont intégrés.

Les subventions sont régulées par l'Accord de l'OMC sur les subventions et les mesures compensatoires (Accord SMC) et par l'Accord sur l'agriculture. Selon l'Accord SMC, une subvention existe lorsqu'il y a « une contribution financière des pouvoirs publics ou de tout organisme public [...], si les pouvoirs publics effectuent des versements à un mécanisme de financement, ou chargent un organisme privé d'exécuter une ou plusieurs fonctions des types énumérés aux alinéas i) à iii). Outre les contributions financières des pouvoirs publics au sens de l'article 1.1 a) 1), l'article 1.1 a) 2) mentionne toute forme de soutien des revenus ou des prix au sens de l'article XVi du GATT de 1994, c'est-à-dire le soutien qui a directement ou indirectement pour effet

4 *Rapport sur le commerce mondial*, OMC, 2006
http://www.wto.org/French/res_f/booksp_f/anrep_f/world_trade_report06_f.pdf

d'accroître les exportations d'un produit du territoire d'un membre ou de réduire les importations de ce produit sur son territoire. L'article 1.1 b) de l'Accord SMC dispose que toute contribution financière ou tout soutien des revenus ou des prix au sens de l'article 1.1 a) doit conférer un avantage au destinataire pour être considéré comme une subvention au sens de l'Accord. »[5] Beaucoup d'éléments sont sujets à interprétation. Ceci est à l'origine de différends portés devant l'Organe de Règlement des différends.

▪ Au cours de l'Uruguay Round, un travail de classification des mesures de soutien interne a conduit à la mise en place du système de boîtes que nous connaissons aujourd'hui. La logique de classification repose sur un triple postulat : l'allocation optimale des ressources est le fait d'un marché sans distorsion, l'État a un droit d'intervention pour rétablir l'équilibre, les instruments à utiliser doivent être au plus près de la distorsion.

Les instruments découplés étaient considérés comme efficaces, présentant un coût prévisible et des bénéficiaires clairement déterminés. Ces instruments sont rangés dans la boite verte car ils sont considérés comme n'ayant pas ou très peu d'effet de distorsion sur le commerce international. Cette boîte n'est soumise à aucune obligation de réduction, son contenu peut même augmenter.

La boite bleue regroupe les aides transitoires associées à un mécanisme de contrôle de la production, cette boîte a initialement été créée pour les aides directes compensatoires issues de la réforme de la PAC en 1992. Les pays ne sont pas tenus de limiter les aides contenues dans la boîte bleue, mais le montant total des aides classées dans les différentes boites ne doit pas dépasser le montant de 1992.

Les aides « rangées » dans la boite orange sont « interdites » et doivent être réduites ; elles regroupent toutes les

---

5 *Rapport sur le commerce mondial*, OMC, 2006, p. 56
http://www.wto.org/French/res_f/booksp_f/anrep_f/world_trade_report06_f.pdf

interventions sur les marchés ainsi que les mesures de soutien aux exportations.

En demandant une suppression, même progressive des subventions qui ont des effets de distorsion sur le marché du coton, le C4 s'engage dans une négociation avec des ensembles économiques et politiques puissants. Une négociation, entre États souverains disposant de moyens tellement disproportionnés, pose la question de la réalité de ces négociations et de « l'opérationnalité de la souveraineté ». L'expression « souverains inégaux » peut paraître paradoxale, mais quels sont les attributs réels d'un souverain qui peut se voir imposer des orientations opposées aux siennes ? Le C4 a ouvert une véritable boîte de Pandore, en raison des difficultés de définition du terme subvention et de la multitude d'approches différentes. Mais aussi parce que ce thème, très sensible ne concerne pas uniquement le coton, mais peut s'étendre à l'ensemble des productions agricoles et remet en cause des décennies de politiques commerciales, agricoles et sociales. Ce débat sur la suppression des subventions a trouvé un écho auprès de différents groupes dont les pays agro exportateurs du groupe de Cairns. Des jeux d'alliance complexes entre les États, mais aussi avec la société civile ont tour à tour porté et freiné la démarche du C4.

Plusieurs raisons font de cette initiative sectorielle en faveur du coton un cas d'école : la démarche du C4 permet d'observer la défense active d'une question intéressant des États africains, dans une organisation qui n'est pas réputée pour cela. Cette initiative est une formation, une découverte des méandres des négociations commerciales internationales dans lesquelles le C4 et ses partenaires africains font l'apprentissage des subtilités, des limites, des inégalités de l'OMC et de son fonctionnement. Les leçons de cette initiative sont autant d'atouts pour de prochaines négociations. La défense du coton fait naître un jeu d'acteurs passionnant entre les représentants des organisations de producteurs, des États, des ONG internationales qui défendent leurs positions respectives par modèles divergents interposés, ce qui crée un débat complexe, dense et multidimensionnel, à l'image de la question du coton.

Notre problématique d'ensemble consiste à inscrire *l'initiative sectorielle en faveur du coton* ainsi que son contenu fluctuant dans un environnement commercial international et régional qui présente des caractéristiques que nous cherchons à mettre en évidence, des relations entre différents groupes d'acteurs que nous tentons d'identifier.

Cette problématique générale peut se décomposer en un chapelet de questions. Ce coton qui nous intéresse, nous en avons une idée très vague mais qu'est-il vraiment ? D'où vient-il ? Comment le produit-on ? Quelles sont ses utilisations ? Quels sont les caractéristiques, les acteurs, les modalités du marché international du coton ? Que représente cet « or blanc » pour le C4 et les régions d'Afrique que les coauteurs de l'initiative représentent ? Quels ont été les principaux choix stratégiques qui ont donné sa forme à l'*Initiative* ? Qui étaient les défenseurs de la question du coton ? Quels sont les axes d'analyse qui permettent de décoder certains jeux d'acteurs qui se sont déroulés pendant, avant et après les grandes rencontres internationales ? Quels ont été les synergies ou les manques dans ce domaine entre les groupes d'acteurs défenseurs du dossier du coton ? Entre le 30 avril 2003 et l'année 2006, le contenu a connu des modifications majeures, quelles en ont été les justifications, quels ont été les débats qui ont entouré les propositions des coauteurs et pourquoi les modèles utilisés pour soutenir les différentes positions sont-ils aussi divergents ? Enfin, quel bilan peut-on faire de cette démarche et quels enseignements peut-on en tirer ?

Dans un premier temps, nous nous intéresserons au cadre, à l'environnement international et régional du coton. Nous commencerons par décrire cette matière première avant de nous concentrer sur les particularités du commerce international du coton. Puis nous montrerons quelle est l'importance économique de cette production pour l'Afrique de l'Ouest et du Centre.

L'approche, les acteurs, les évolutions du contenu et le débat autour des modèles utilisés pour la défense ou l'opposition à cette initiative sectorielle en faveur du coton occuperont notre deuxième partie.

Nous conclurons en faisant un bilan et en essayant de tirer des enseignements de cette démarche.

# PREMIÈRE PARTIE

# LE COTON : FICHE SIGNALÉTIQUE, ENVIRONNEMENT INTERNATIONAL ET IMPORTANCE RÉGIONALE

# A. Une matière première à définir

## *1. … « Le coton au fil du temps »*

Aux origines du coton, certainement une histoire, toute simple, tellement simple qu'elle se doit d'être arrivée. Erik Orsenna introduit et termine par elle son *Voyage aux pays du coton*. En Amérique du Sud ou en Inde…

… « Un homme qui passe remarque un arbuste dont les branches se terminent par des flocons blancs. On peut imaginer qu'il approche la main. L'espèce humaine vient de faire connaissance avec la douceur du coton. »[6]

Les origines du coton posent une énigme, celle de la double origine : le coton vient-il de l'Amérique du Sud ou de l'Inde ? La grotte de Tehuacan au Mexique, dans laquelle des restes de tissus supposés être en coton datant de 5800[7] ans av JC ont été retrouvés, atteste la présence de ce textile depuis des temps très anciens. La présence du coton textile serait à l'origine de la méprise de Christophe Colomb. En effet, à cette époque le coton et les épices étaient les attributs de l'Inde, et les tenues en coton des habitants des îles Barbade auraient convaincu l'explorateur que c'était bien en Inde qu'il avait accosté.

Le site de Mohenjo-Daro, dans la Vallée de l'Indus dans l'actuel Pakistan, a permis de retrouver ce qui semblait être les traces les plus vieilles du coton utilisé comme textile, jusqu'à la découverte de Tehuacan. Des restes de tissus en coton datés d'environ 3200 av JC y ont été exhumés. Le vieux sanskrit est la première langue à nommer le coton pour la première fois : *Karpasa-i*. Des traces de ce mot apparaissent dans la version en hébreu du livre d'Esther (Ve siècle av JC). *Karpaso* en grec ou

6 Orsenna Erik, *Voyage aux pays du coton, petit précis de mondialisation*, Fayard, 2006, p. 11-12

7 Les estimations évoluent entre –7000 et –3000 selon les écrits mais beaucoup s'accordent sur une moyenne autour de -5000

*carbasus* en latin, utilisés dans l'antiquité, désignaient « un tissu fin, généralement en lin, et ce n'est qu'au début de notre ère que la fibre de coton brute est ainsi désignée sans ambiguïté »[8]. *Karpasi* donnera *Kapas* ou *Karpas* qui est le mot utilisé aujourd'hui pour désigner le coton graine en Inde et en Indonésie.

La Chine possède elle aussi une très ancienne connaissance et utilisation du coton textile mais, selon les écrits chinois eux-mêmes, c'est de l'Inde que leur vient cette trouvaille. Ce pays demeure le lieu de diffusion principal du coton textile. Le Moyen-Orient, l'Égypte, l'Afrique et l'Europe lui doivent la découverte des « douceurs » de « l'arbre à laine »[9].

[10]

« L'arbre à laine » : Bois gravé du XVe siècle

Le commerce entre l'Inde et la Mésopotamie aurait débuté vers 600 av JC. Rome aurait bénéficié du commerce de cette étoffe au IVe siècle av JC, sous Alexandre le Grand.

8 http://www.cirad.fr/dossiers/content/view/full/704/offset/1
9 Hérodote parlait des « arbres portant de la laine ».
10 http://www.snv.jussieu.fr/bmedia/textiles/01-coton-historique.html
Tous droits réservés - Biologie et Multimédia - Université Pierre et Marie Curie - UFR de Biologie

« Douceurs » parfois découvertes au rythme des batailles : l'Afrique et l'Europe découvrent les cotonnades lors des conquêtes arabes du VIIe siècle. Le mot coton en français, mais aussi *cotonum* en latin médiéval, *algodon* en espagnol, *algodão* en portugais, *Kattun* en allemand, *kotnja* en russe et *kutnie* en roumain viennent du mot arabe *El Kutn*. L'ouverture de la route des Indes par Vasco de Gama, en 1497, permet une croissance considérable du commerce entre l'Inde et l'Europe qui ouvre ses premières manufactures cotonnières à Grenade, Venise, Milan, puis Manchester.

Dès le XVIIe siècle, de nouveaux acteurs apparaissent car les États du Sud des colonies anglaises d'Amérique se peuplent d'immigrants européens qui se lancent dans la production d'un coton sélectionné à partir de variétés présentes au Mexique et aux Antilles. « Les douceurs du coton » furent certainement un oxymore terrible pour la main d'œuvre servile exploitée, jusqu'en 1865, dans les plantations de coton.

La Révolution industrielle et son cortège d'inventions : la navette volante de Kay, la machine à filer industrielle à plusieurs fuseaux de Hargreaves, la machine à peigner et à filer de Arkwright, l'égreneuse à rouleau puis celle à scies de l'Américain Eli Whitney, le métier à tisser de Jacquard, inventent de nouvelles techniques de tissage, de filature et conduisent aussi à l'essor de nouvelles zones de culture et de transformation du coton. La Guerre de Sécession, en paralysant la production américaine, contraint l'Europe dont l'industrie textile reposait sur cette matière première à développer d'autres espaces de culture. Entre le XVIIIe et le XIXe siècles, la scène des acteurs du coton se transforme et voit la domination européenne s'installer : 90 % du commerce mondial du coton est contrôlé par l'Europe, avec les États-Unis, l'Inde et l'Égypte comme principaux approvisionneurs. Sa puissante industrie cotonnière ayant été démantelée par l'Empire britannique, l'Inde devra attendre l'influence du Mahatma Gandhi pour développer à nouveau le tissage.

## 2. Le coton : fiche signalétique

Si vous avez l'occasion de passer un peu de temps en compagnie de poètes, ils vous diront peut-être que le coton, en tant que matière première, est comme ces « cadeaux enfouis ou cadeaux visibles. Cadeaux fossiles, cadeaux miniers qui, un jour, s'épuiseront. Ou cadeaux botaniques que le soleil et l'activité de l'homme chaque année, renouvellent. »[11] Ils vous diront peut-être même que ces cadeaux « chuchotent toutes sortes d'histoires à l'oreille ». À ce moment même, vous aurez certainement la sagesse de consulter d'autres conteurs au savoir plus sérieux qui vous expliqueront que ces matières premières sont des « biens qui sont vendus (pour servir à la consommation ou à la production) tels qu'ils ont été trouvés à l'état naturel. Il s'agit par exemple du pétrole, du charbon, du fer et de produits agricoles comme le blé ou le coton. Également appelés produits de base. »[12]

Quel pourrait être le lien entre le billet de banque qui se trouve dans votre poche, la laque qui tient en place vos cheveux indisciplinés, la bonne tranche de bœuf que vous avez mangée la veille au soir, la compresse dont vous avez eu besoin après vous être un peu brûlé avec l'huile végétale riche en vitamine E, sans cholestérol, que vous utilisez régulièrement, et les explosifs que vous avez vus au journal de 20 heures ? La réponse étant comprise dans le titre du mémoire, la surprise n'est que relative. Ce coton qui nous intéresse mérite que l'on s'attarde un peu pour réaliser une sorte de fiche signalétique.

Le coton est défini dans le langage courant comme étant une « fibre textile naturelle recouvrant les graines du cotonnier »[13] ; mais ce terme est aussi utilisé pour désigner les fibres séminales et les graines oléagineuses qui constituent le fruit du cotonnier (Gossypium). Le *Gossypium arboreum* originaire du sud de

11 Orsenna Erik, op cit., p. 11
12 http://www.worldbank.org/depweb/beyond/beyondfr/glossary.html
13 Le Petit Larousse

l'Afrique et le *Gossypium herbaceum* originaire d'Inde, dont l'utilisation se limite à l'ouaterie, sont à l'origine de nombreuses variétés cultivées aujourd'hui et représentent 5 % de la production mondiale. La production mondiale est dominée (90 %) par le *Gossypium hirsutum*, originaire d'Amérique du Sud. Les 5 % restants reviennent au *Gossypium barbadense* d'origine péruvienne et introduit en Égypte. La faible culture mondiale de cette variété ne présage pas de sa valeur ; la longueur de ses fibres et sa qualité en font l'un des meilleurs cotons au monde.

Le coton est une plante arbustive de la famille des malvacées qui rassemble 50 espèces. La taille de cet arbre, qui vit une dizaine d'années à l'état sauvage, peut varier entre 10 mètres, à l'état sauvage, et 1 ou 2 mètres lorsqu'il est cultivé et exploité en tant que plante annuelle. Ce sont les régions tropicales et subtropicales arides qui ont eu l'heur, à l'origine des temps du monde végétal, de bénéficier de la présence de cette culture très sensible au gel, qui a besoin d'environ 150 jours de chaleur (CIRAD : entre 25-35°C), de beaucoup de soleil et d'eau. Aujourd'hui, diverses techniques permettent la culture du coton à l'intérieur d'une bande allant du 47° de latitude Nord (Ukraine) au 32° de latitude Sud (Australie) et elle concerne 85 pays en 2005, dont 28 Pays les Moins Avancés. Le cotonnier, de par ses besoins nutritifs et son système radiculaire importants, requiert une terre riche, souvent alluvionnaire, limoneuse ou argilo-sableuse. La culture du coton conduit souvent à l'utilisation de fertilisants, à l'apport d'amendements et à la rotation des cultures afin d'améliorer la qualité des sols.

Dans les déserts de l'Ouzbékistan ou de l'Arizona, le coton pousse grâce à l'irrigation qui, bien qu'onéreuse, garantit des « rendements plus élevés, des récoltes plus régulières et des fibres de meilleure qualité. En outre, la période de maturation est plus courte que dans un mode cultural traditionnel »[14]. Selon les chiffres du CIRAD, 30 % des surfaces cotonnières sont irriguées en Inde, 43 % aux États-Unis et 75 % en Chine. Le coton est une culture

14 http://www.unctad.org/infocomm/francais/coton/culture.htm

pluviale dans de multiples pays africains. La nécessaire irrigation des cultures de coton peut être très dommageable pour l'environnement comme le montre la catastrophe écologique qu'est l'assèchement de la mer d'Aral.

Avec plus de 1 300 espèces d'insectes et d'animaux qui le trouvent à leur goût, au palmarès des plantes très attaquées, le coton n'est pas de reste. À cela, il faut ajouter les nombreuses maladies virales, bactériennes et cryptogamiques auxquelles le cotonnier peut être sujet. Ces attaques, synonymes de fibres inutilisables pour le textile ou de très mauvaises récoltes, sont repoussées au moyen de pesticides. Aujourd'hui la lutte intégrée voit l'essor de variétés de coton génétiquement modifié permettant entre autre de tuer les prédateurs en limitant l'utilisation d'insecticides. Selon les prévisions du CIRAD, dans quatre ans, la production mondiale de fibre devrait être réalisée pour moitié à partir de coton génétiquement modifié.

« À la floraison apparaissent de grandes fleurs blanches ou jaunes à cinq pétales…

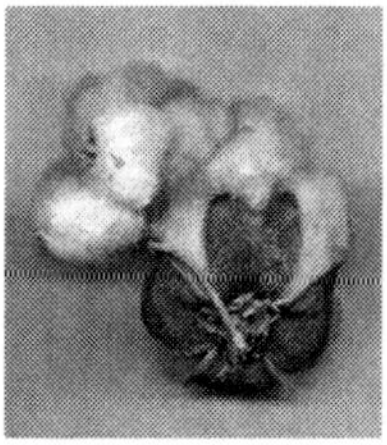

…puis se développent des capsules aux parois épaisses et rigides.

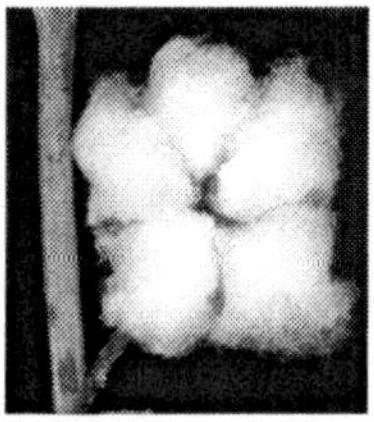

À leur ouverture, ces capsules donnent naissance à des graines et à des bourres de coton recouvertes d'une houppe de fibres blanchâtres et soyeuses pouvant mesurer de 2 à 3 cm de long pour le *Gossypium hirsutum* et jusqu'à 5 cm de long pour le *Gossypium barbadense* et dont la surface fait apparaître de fines dentelures qui leur permettent de s'accrocher les unes aux autres. »

Marron, kaki, ocre, vert grisé…, la fibre du coton peut être de plusieurs couleurs. Les fibres blanches, du fait de l'utilisation de la teinture, sont favorisées. Cette fibre est recouverte d'une couche de cire qui la rend naturellement hydrophobe.

La récolte du coton peut s'effectuer de manière manuelle, au rythme de la maturation des capsules ; elle nécessite alors un grand renfort de main-d'œuvre et permet d'obtenir un produit de meilleure qualité que la méthode mécanisée assurément plus

15 Tous droits réservés - Biologie et Multimédia - Université Pierre et Marie Curie - UFR de Biologie. Le cliché couleur a été pris par Michel Delarue et les clichés noir et blanc par Michèle Mosiniak.

rapide, utilisée dans les pays « développés ». Après la récolte, le coton est acheminé vers l'usine d'égrenage dans laquelle il est nettoyé de ses impuretés de grande taille : feuilles, tiges, capsules. Il est ensuite égrené : la fibre est séparée de la graine ; enfin, il est tassé et compressé en balles de 225 kg.

Les sous-produits de la capsule de coton

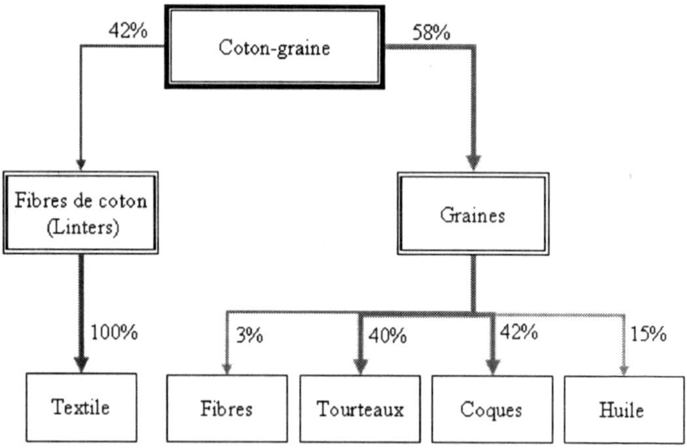


Source : Secrétariat de la CNUCED d'après le document suivant : *"Étude relative au mécanisme de formation des prix de cession du coton-graine et des intrants agricoles au Bénin"* (Anna Croles-Rees et Bio Goura Soulé Lares, 2001) : http://www.unctad.org/infocomm/francais/coton/utilisat.htm

## ■ Le coton fibre

Les normes qualité permettant de classer les fibres utilisées comme intrants industriels, ont une importance considérable sur le marché du coton. Le rythme de la danse dans ce domaine est donné par les États-Unis, bien qu'en parallèle certains États aient développé un système de mesure de la qualité qui leur est propre et qui correspond aux besoins de leur marché et de leurs acteurs nationaux. C'est en 1914 que débute l'histoire des normes ou « standards du coton », élaborés aux États-Unis afin de régler le commerce mondial de cette matière première. En 1992, un cadre, basé sur le système de mesure « High Volume Instrument Measurements »[16] (HVI) et permettant de donner des normes internationales de classement du coton fibre, voit le jour. Trois paramètres principaux sont pris en considération :

- la couleur : elle dépend de la « variété, des conditions météorologiques ainsi que de la durée d'exposition des fibres au soleil après l'ouverture des capsules et du type de variété cultivée »[17]. Sans oublier que l'intervention malvenue d'une maladie, d'un insecte, peut modifier la couleur ;
- la pureté : elle est fonction de la quantité de feuilles et de corps étrangers agrégés au coton lors de la récolte ;
- la longueur de la fibre : elle est évaluée à partir du degré d'étirement[18], d'uniformité[19] et de résistance[20] des fibres.

La maturité du coton, la présence de matières collantes peuvent être évaluées par le FMT (Fineness Maturity Tester), le NIR (Near Infra-Red) et l'AFIS (Advance Fiber Information System) des tests autres que le HVI.

16 Ce système détermine les normes : bon finot (good middling), finot strict (strict middling), finot (middling), finot strictement faible (strict low middling), finot faible (low middling), bon ordinaire, strict, bon (strict good ordinary), bon ordinaire (good ordinary), ordinaire inférieur (below good ordinary).

17 http://www.unctad.org/infocomm/francais/coton/qualite.htm

18 Degré d'étirement de la fibre : pourcentage entre les longueurs des fibres à l'état initial et après étirement.

19 Cette uniformité de la longueur des fibres est le ratio (exprimé en pourcentage) de la longueur moyenne des fibres sur la longueur moyenne de la moitié supérieure des fibres expertisées. http://www.unctad.org/infocomm/francais/coton/qualite.htm

20 Résistance : calcul de l'élasticité et de la charge de rupture des fibres.

## Les débouchés des fibres de coton

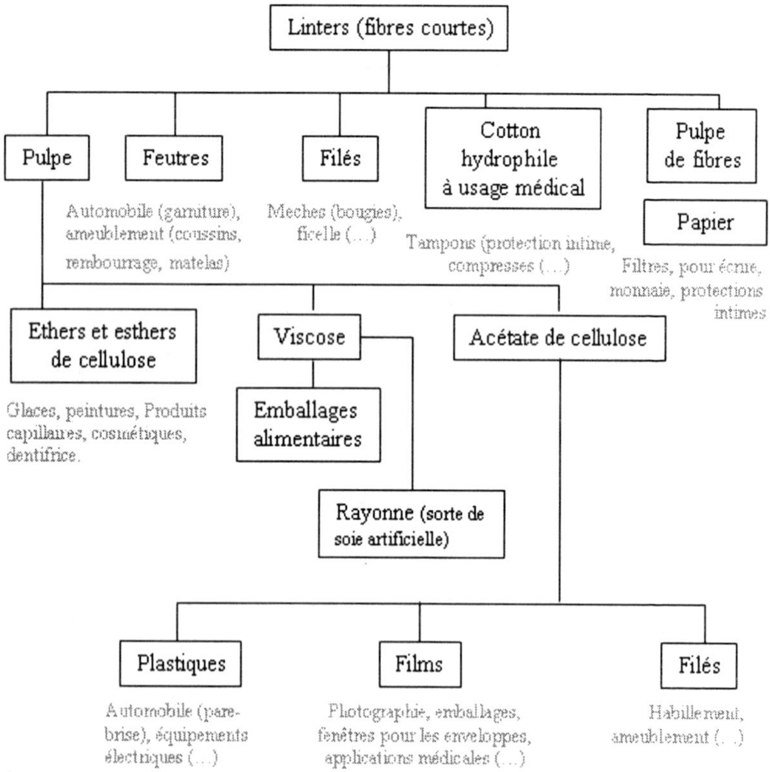


Source : Secrétariat de la CNUCED d'après le document suivant : Cotton facts : Comité consultatif international sur le coton et Fonds commun sur les produits de base (2003) : http://www.unctad.org/infocomm/francais/coton/utilisat.htm

Les principaux débouchés du fil sont les suivants : l'habillement (confection 60 %), l'ameublement (35 %), les vêtements professionnels (5 %). Le cadre médical offre aussi des débouchés non négligeables (coton hydrophile, compresses, bandes de gaze, tampons hygiéniques, cotons-tiges).

Les débouchés des graines de coton

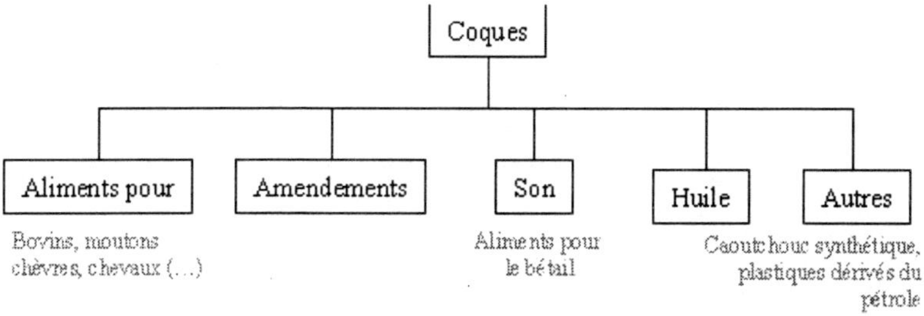


Source : Secrétariat de la CNUCED d'après le document suivant : Cotton facts : Comité consultatif international sur le coton et Fonds commun sur les produits de base (2003) : http://www.unctad.org/infocomm/francais/coton/utilisat.htm

▪ La coque est utilisée comme combustible, comme aliment pour les animaux ainsi que dans la fabrication de dérivés chimiques

▪ Les amandes donnent de l'huile alimentaire, cinquième ou sixième huile végétale (selon qui du CIRAD ou de la CNUCED fait les estimations) consommée dans le monde, riche en acides gras poly insaturés (dont la vitamine E), sans cholestérol ; elle est exportée par les États-Unis et le Brésil. L'huile est aussi utilisée pour la fabrication de savon.
Après l'extraction, les amandes laissent un résidu qui est transformé en tourteaux utilisés pour alimenter les ruminants, seuls capables d'ingérer le gossypol, un pigment toxique de l'amande. Les tourteaux sont aussi utiles en tant que fertilisants ou substrat pour la culture de champignons.

# B. Le coton dans le commerce international

## 1. *Panorama international*

La production de coton a crû en moyenne de 2,2 % par an les trente dernières années pour atteindre une production mondiale en 2004-2005 de 26 millions de tonnes. Le coton qui est la culture qui occupe le plus de terres arables au niveau mondial (2,5 %), après les céréales et le soja concerne une centaine de pays, parmi lesquels la Chine, les États-Unis, l'Inde, le Pakistan, l'Ouzbékistan et l'Égypte. Ces pays à eux six, représentent la bagatelle des trois quarts de la production mondiale. La concentration de la production de coton s'est fortement accentuée ces dernières années avec l'augmentation considérable (environ deux fois plus élevée que la moyenne mondiale) des productions chinoise et indienne. Un fait marquant qui concerne directement notre étude est le doublement de la production ouest et centrafricaine ces trente dernières années. Aujourd'hui ces régions représentent 4 % de la production mondiale.

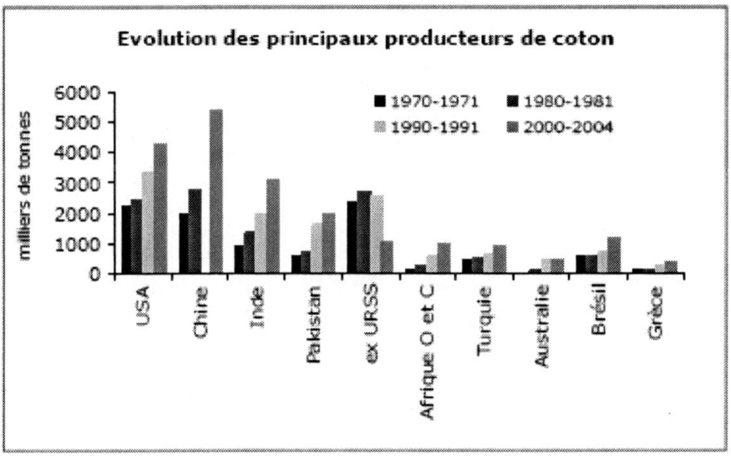


Source : Nicolas Gergely, *Le Coton : quels enjeux pour l'Afrique ?* Fondation pour l'Agriculture et la Ruralité dans le Monde, novembre 2005

L'augmentation de la production de coton est essentiellement due à une amélioration des rendements :

Rendement mondial du coton graine et du coton fibre en kg/ha sur la période 1961-2003

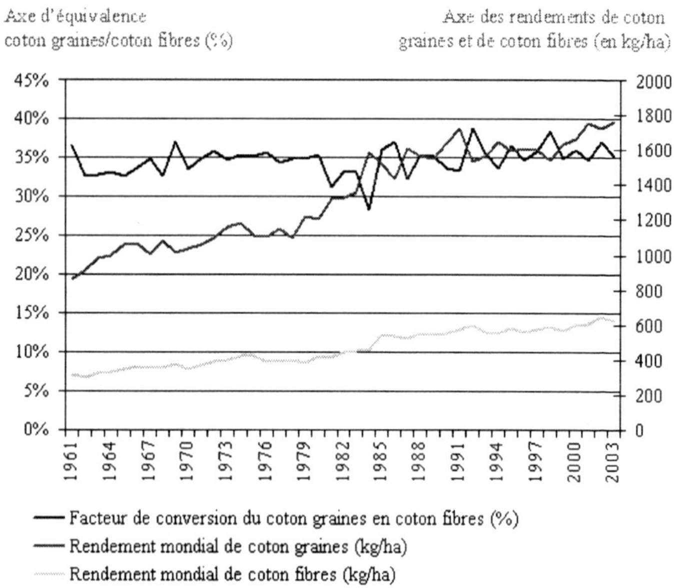


Source : Secrétariat de la CNUCED d'après les données statistiques de la FAO (coton graine) et du CCIC (coton fibre)

Dans les années 1950, le rendement mondial moyen était de 230 kg/ha, il passe à 600 kg/ha au début des années 1990 avant de baisser à nouveau en raison de maladies, d'une certaine résistance des insectes aux pesticides et de choix économiques. Les progrès biotechnologiques – environ 24 % des surfaces cotonnières sont cultivées avec des variétés biotechnologiques et 35 % de la production en 2004-2005 est issue de variétés biotechnologiques - et une meilleure maîtrise des choix des variétés ont permis à nouveau une croissance des rendements à la fin des années 1990 pour atteindre 644 kg/ha en 2001-2002 et 732 lors de la campagne 2004-2005. Un élément important de l'évolution de ce rendement moyen est la réduction de l'écart entre les pays « développés » et ceux en « voie de développement » : ce rapport de 2,5 en 1961 est passé à 1,3 en 2003. La CNUCED explique cette évolution par l'amélioration considérable des rendements chinois grâce à d'importants moyens investis dans la recherche. La pratique de l'irrigation explique aussi en partie ces rendements. 55 % des surfaces cotonnières sont irriguées, et fournissent 75 % de la production mondiale.

Les données statistiques compilées par le CCIC montrent que dans la première moitié des années 1960 le rendement chinois connaît une progression de 130 %, le coton-graine passant de 620 kg à 1425 kg, le coton-fibre de 259 kg/ha à 345 kg/ha. Après une période de stabilité allant jusqu'aux années 1980, l'accélération reprend pour atteindre un rendement de 3467 kg/ha pour le coton graine et 1058 kg/ha pour le coton fibre.

Avec une moyenne de 2562 kg/ha de 1961 à 1991, l'ex-URSS s'illustre avec les rendements les plus élevés des grands pays producteurs de coton jusqu'à l'explosion de la zone soviétique. S'en suit alors une baisse des rendements qui atteignent une moyenne de 2035 kg/ha sur la période allant de 1992 à 2003.

Avec une moyenne de 639 kg/ha pour le coton-graine et 189 kg/ha pour le coton-fibre, l'Inde garde un rendement stable pour la période allant de 1961 à 2003. (cf. plus bas le paragraphe consacré à ce pays)

Les États-Unis occupent la position de 2$^{ème}$ producteur mondial de coton et ont des rendements proches de la moyenne mondiale pour la période 1961-1991 soit 1576 kg/ha ; il en est de même pour le Pakistan (4$^{ème}$ producteur mondial de coton).

De 1961 à 2002, les rendements des pays de l'Afrique de l'Ouest[21] passent de 275 kg/ha à environ 1400 kg/ha. La

21 Ces estimations ont été établies à partir des données du Bénin, du Burkina Faso, de la Côte d'Ivoire, du Mali, du Sénégal, du Togo, du Cameroun, de la République centrafricaine et du Tchad.

progression annuelle de cette région (5 %) se rapproche de celle de la Chine (5,3 %) ou de celle du Brésil (4,9 %). L'Égypte est une exception africaine : elle produit environ 1,1 million de tonnes de 1961 à 2002 avec des rendements de 2230 kg/ha en moyenne sur la période. Cette performance est en grande partie due à l'irrigation.

Les coûts de production sont très variables selon les pays, les régions d'un même pays. La production de coton peut être très mécanisée, capitalistique, intensive, irriguée, soutenue par des centres de recherche performants, bénéficiaire d'infrastructures nombreuses, comme on peut l'observer aux États-Unis, en Australie et au Brésil. Au contraire, cette production peut être très consommatrice de main-d'œuvre, moins intensive, pluviale, dans un environnement pauvre en infrastructures de stockage, de transport, de transformation, comme on l'observe en Afrique de l'Ouest et du Centre. Les taux de change ont un impact considérable sur ces coûts de production. Selon les estimations de Gérald Estur CCIC), le coût de production moyen était de 52 cts/livre. La non-rémunération de la main-d'œuvre familiale permet aux pays en développement de présenter des coûts bien plus faibles que ceux des pays développés. Malgré les limites d'un tel exercice, car de grandes différences peuvent apparaître au sein d'un même pays, les économistes de l'AFD ont tenté d'évaluer les coûts de revient du kilo de coton selon les pays de production, pour l'année 2004. Selon leurs résultats, ces coûts évoluent entre 185 cents pour les États-Unis, à 93 cents pour le Mali, en passant par 119 cents pour le Brésil. Sur la même année, l'ICAC obtient des résultats différents : selon ses estimations, ce sont l'Argentine, le Brésil et la Chine qui sont les plus compétitifs avec des prix coût qui se situent entre 75 cents et 1 dollar/kilo. En revanche, les pays africains et les États-Unis ont des coûts qui s'élèvent à 1,32 dollar/kg. Dans les estimations de l'ICAC pour 2001 Le Bénin avait un coût de production de 66 cents. La différence entre 2001 et 2004 est attribuée à l'appréciation, de l'Euro, monnaie à laquelle le CFA est lié, par rapport au dollar.

La monnaie d'échange du coton sur les marchés internationaux est le dollar. La moyenne du prix très volatil du coton sur 30 années est de 70 cents/livre, une moyenne de la période allant de 2001 à 2005 donne un résultat plus modeste : 55 cents/livre, avec un minimum de 35 cents atteint en 2001. Gérald Estur cite plusieurs facteurs explicatifs tels qu'un recours plus important à la technologie, qu'elle soit nouvelle ou existante, une augmentation de la productivité et un soutien ou un encouragement à la production au moyen de mesures de soutien interne. Mais l'élément décisif est la Chine qui est « le principal facteur explicatif des variations interannuelles de la moyenne des cours depuis 1973 »[22] Les estimations tendent à souligner le rôle renforcé de la Chine qui devrait s'installer dans un déficit structurel et croissant entre son volume de production de coton et les besoins de son industrie textile qui pourraient représenter 40 % des utilisations industrielles mondiales de coton.

Cotlook Ltd. est une société privée, dont le siège est à Liverpool, qui produit des indices considérés comme les références du prix mondial du coton. Un réseau mondial important permet à cette société de réunir des informations en provenance des principaux espaces de production de coton. De manière quotidienne, cette société compile les cotations de vente et d'achat – et non des offres fermes - de centaines de traders achetant ou vendant du coton en provenance des États-Unis, du Mexique, du Brésil, de la Turquie, de la Syrie, de la Grèce, de l'Espagne, de l'Ouzbékistan, du Pakistan, de l'Inde, de la Chine, de la Tanzanie, de la zone Franc CFA et de l'Australie. Ces cotations sont réalisées par téléphone et par fax. À partir de ces cotations, les experts de Cotlook Ltd. déterminent un prix qui selon eux est le plus représentatif des échanges du jour. Les indices Cotlook A et B sont calculés à partir des prix auxquels le coton est vendu aux consommateurs industriels. Cotlook A est une moyenne des cinq cotations les plus basses des variétés de coton *upland* de la qualité

22 Gérald Estur (CCIC), *Le marché mondial du coton : Évolution et perspectives*, « Cahiers Agricultures », vol. 15, n° 1, janvier-février 2006 9

Middling 1-3/32'' échangées au niveau international. Depuis 2003, la zone géographique de référence est l'Extrême-Orient, choisie par souci de refléter les évolutions du marché international du coton. Une cotation séparée est calculée pour l'Europe du Nord.

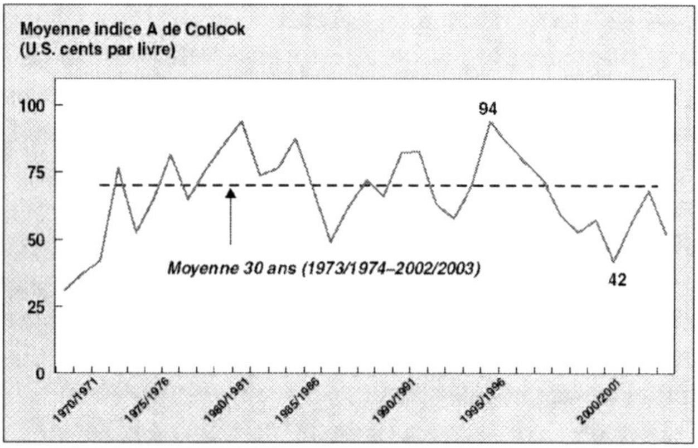


**Figure 3**. Prix internationaux en $ cents par livre.

**Figure 3**. International prices in U.S. cents per pound.
Source : *Cotton Outlook*.

Au diapason avec la production de coton, la consommation a évolué « à un rythme moyen annuel de l'ordre de 2 % »[23]. Le coton-fibre est l'un des produits agricoles les plus échangés au monde, un tiers de la production étant exportée. Une tendance lourde qui marque la deuxième moitié du XXe siècle est la forte croissance de l'utilisation du coton dans les pays en développement. De 1981 à 1998, ils représentaient environ 77 % des utilisations mondiales ; en 1999, ils utilisaient plus de 80 % du coton mondial ; selon des projections, leur part des utilisations mondiales devrait se situer aux alentours de 87 % en 2007. Ce transfert des utilisations est à mettre en parallèle avec la disparition ou le démantèlement des industries textiles des « pays développés » en raison du coût trop élevé de leur main-d'œuvre, ce

23 http://www.unctad.org/infocomm/francais/coton/marche.htm

qui fait le bonheur de certains pays asiatiques, africains et maghrébins qui « ont pu fonder leur développement économique sur la compétitivité et le dynamisme de ce secteur »[24]. La fin des accords multifibres en 2005 permet une croissance accrue des industries textiles chinoise, indienne et pakistanaise. Consommation et production vont de pair : « les principaux producteurs sont également les principaux consommateurs de coton »[25], malgré l'importance de leur production de coton, leurs besoins la dépassent.

L'atomisation des importations, qui se caractérise par une augmentation du nombre de pays importateurs et une réduction du poids des « gros acteurs », semble être une tendance lourde amorcée depuis le début des années 1980. Les gros acteurs traditionnels sont l'Union européenne, la Fédération de Russie, le Japon, la Corée du Sud et la Chine. Avec 750 000 tonnes de coton importé, la Turquie est le deuxième pays importateur du monde. La Thaïlande, l'Indonésie et le Mexique sont de nouveaux acteurs qui s'affirment de plus en plus sur ce marché : alors qu'ils ne représentaient que 6 % des importations mondiales en 1980, leur part s'élève aujourd'hui à 30 %. L'accroissement des importations mondiales a été absorbé par les exportations américaines qui ont atteint 40 % des exportations totales en 2004-2005.

Le secteur cotonnier est très sensible aux aléas climatiques et sanitaires, mais aussi aux changements de politique de certains poids lourds du secteur tels la Chine, les États-Unis, l'Inde ou le Pakistan qui dictent les baisses ou les hausses du cours du coton selon le volume de leurs importations (Chine, Inde et Pakistan), le volume et la qualité de leur récolte et leur politique de stockage (États-Unis ?). Malgré la force de la demande mondiale de coton, les stocks mondiaux demeurent élevés. Pour la campagne 2005-2006, ils sont estimés à onze millions de tonnes pour une

24 http://www.unctad.org/infocomm/francais/coton/marche.htm
25 Idem

production d'environ 26 millions de tonnes en 2004-2005 et concourent à pousser les cours vers le bas.

En 2004-2005, la valeur des exportations est estimée à 8,7 milliards USD, soit 0,12 % du total des exportations mondiales de marchandises, selon les calculs de la CNUCED. Les principaux exportateurs de cette matière première sont les États-Unis et les producteurs ouest-africains qui, en réalisant 13 % des exportations mondiales, se positionnent à la deuxième place mondiale.

**Principaux producteurs, consommateurs, Importateurs et exportateurs sur la période 2002-2004 ***

| Principaux pays (1000 tonnes) | Production | Consommation | Exportation | Importation |
|---|---|---|---|---|
| Afrique de l'Ouest et du Centre | 963 | 191 | 889 | 0 |
| Australie | 441 | 19 | 487 | 14 |
| Brésil | 1183 | 852 | 236 | 95 |
| Chine | 5363 | 7250 | 69 | 1448 |
| États-Unis | 4261 | 1424 | 2834 | 10 |
| Inde | 3077 | 3033 | 114 | 190 |
| Ouzbékistan | 998 | 274 | 711 | 1 |
| Pakistan | 1948 | 2133 | 74 | 268 |
| Turquie | 902 | 1397 | 59 | 565 |
| UE 15 | 466 | 734 | 350 | 585 |
| **Total Monde** | **21970** | **22141** | **7054** | **7106** |

**Source : AfD, d'après données USDA*

## *2. Les principaux espaces de production du coton*

### ▪ La Chine

Les de la production chinoise sont réalisés dans les vallées bordant les fleuves Houang-ho et Yang-tseu-kiang. *Deltapine*, *Stoneville* et *Coker*, qui faisaient partie des variétés introduites dans ce pays dans les années 1950-1960, ont pris le pas aujourd'hui sur *Gossypium arboreum,* cultivé avant cette période. Dès 1953, la production du coton est l'objet d'une planification quinquennale, une politique dirigée, centralisée, avec son lot de quotas alloués par le gouvernement aux différentes régions de production, de prix fixés par avance. Le processus de commercialisation, allant de l'achat à la distribution aux industries textiles en passant par le stockage et le transport, est dévolu aux coopératives.

Il faudra attendre les années 1970 pour observer un début de décentralisation par l'octroi de droits fonciers individuels aux paysans. Afin d'accélérer la croissance de la production, les prix administrés sont relevés, l'engrais subventionné, ce à quoi s'ajoute la distribution de céréales aux producteurs de coton. La réorganisation de la filière intervient en 1988 et se traduit par l'abandon des usines d'égrenage non rentables, ce qui conduit à une diminution de la capacité d'égrenage nationale et au rapprochement des usines d'égrenage des zones de production du coton. L'État domine la commercialisation de cette production : il dispose du monopole (supervision de la SMC *(Supply and Marketing Cooperatives)* et fixe les prix « à l'avance pour toute la campagne et pour chacun des maillons de la filière »[26]. La production varie au gré des mesures étatiques de soutien à cette production. Un certain manque de cohérence rend la politique de stockage de la Chine difficile à comprendre. Ainsi de 1994 à 1998, cet État, qui avait un excédent d'environ 248 000 tonnes, importait en moyenne 562 000 tonnes en se créant des stocks qui s'élevaient

26 http://www.unctad.org/infocomm/francais/coton/filiere.htm

à 5 millions de tonnes en 1998, soit environ la moitié des stocks mondiaux.

L'année 2000 marque le début d'une série de réformes vers plus d'assouplissement, notamment en ce qui concerne le monopole d'État au niveau de la commercialisation du coton. Depuis 1999, les sociétés cotonnières n'ont plus l'obligation d'acheter la totalité de la production locale ; un marché national a été créé à Pékin. Le contrôle des prix d'achat est abandonné pour un prix de référence essentiellement indicatif, à l'exception du Xinjiang où ce prix plancher est toujours en vigueur. L'adhésion de la Chine à l'OMC, effective en 2001, permet à ce pays de ne plus être soumis aux quotas sur le textile et l'habillement et conduit à un véritable boom de la production de coton (+43 %), de la consommation (+64 %) et des importations multipliées par 26. En parallèle, les stocks baissent de 26 %.[27]

Pour la saison 2004-2005, la Chine est numéro 1 mondial pour sa production de coton (24 % de production mondiale), sa consommation (35 %), ses importations (20 %) et son stockage de fibres de coton (21 %). Elle entretient des relations privilégiées avec les États-Unis : 55 % de ses importations sont en provenance de cet État. La Chine n'étant pas un modèle de transparence en matière de statistiques économiques, il est difficile d'obtenir des informations fiables, non contradictoires sur sa politique économique.

Selon les estimations que donnent Catherine Araujo Bonjean, Stéphane Calipel et Fousseini Traoré, la Chine devrait avoir importé 3,3 millions de tonnes de coton en 2005-2006. Le modèle de l'ICAC met en évidence que 100 000 tonnes d'importations nettes supplémentaires chinoises ont pour effet une augmentation de 2 % du prix mondial, ce n'est pas peu de dire que la Chine a le pouvoir de faire la pluie et le beau temps sur le marché mondial du coton.

27 Catherine Araujo Bonjean (CNRS, CERDI), Stéphane Calipel (CERDI), Fousseini Traoré (CERDI), *Impact des aides américaines et européennes sur le marché international du coton*, Mars 2006, p. 24

### ■ Les États-Unis

Le coton y est synonyme de culture de rente. Avec 20 % de la production mondiale, les États-Unis se situent en deuxième position, après la Chine. Mais, avec 25 % des exportations, ils sont les premiers exportateurs mondiaux de coton. Les 6/10$^{ème}$ de la production américaine sont réalisés au Texas, premier État producteur de coton.

La filière cotonnière américaine a connu de profondes transformations. Tout d'abord le nombre d'exploitations productrices de coton s'est réduit de 98 % de 1930 à nos jours (il y avait 2 millions d'exploitations dans les années 1930, il n'en restait plus que 31500 dans les années 2000). Cette évolution ne s'est accompagnée que d'une réduction de 25 % des surfaces cultivées. Les exploitations cotonnières sont en grande majorité des monocultures, aux mains d'exploitants individuels. Le secteur de l'égrenage, qui s'est fortement concentré dans les années 1980-1990, est lui aussi détenu par des personnes privées qui ont installé leurs unités à proximité des lieux de production.

Les variétés cultivées aux États-Unis sont les Deltapine et Acala ; elles sont récoltées mécaniquement, classées selon le procédé HVI, puis les balles sont généralement entreposées dans un local agréé par le gouvernement fédéral ou vendues à une filature. Lorsque le coton est entreposé dans les locaux agréés, le producteur en garde la propriété et peut le revendre, mais cet entreposage permet au producteur d'utiliser son coton comme garantie pour un emprunt. Les balles peuvent aussi être vendues à un négociant. « L'organisation de la filière américaine offre également aux producteurs l'avantage de pouvoir bénéficier d'un meilleur pouvoir de négociation au niveau des prix. »[28]

Les États-Unis sont les premiers exportateurs mondiaux de coton brut. Entre 1997 et 2001, l'Asie représente 45 % des exportations américaines, le Canada 4 %, la Turquie 9 %. Des zones industrielles spéciales permettent aux États-Unis de faire

28 http://www.unctad.org/infocomm/francais/coton/filiere.htm

transformer une partie de leur coton brut dans les « maquiladoras », à la frontière américano-mexicaine. En ce qui concerne les relations avec l'Europe, les données ont beaucoup évolué : alors que l'Europe importait 15 % du coton américain au début des années 1990, ce pourcentage s'est réduit à 2 % seulement en 2001. Cette évolution est à mettre en rapport avec une augmentation des importations européennes de coton en provenance de l'Afrique francophone, de la CEI et de la Syrie.

### ■ L'Europe orientale et l'Ouzbékistan

L'entrée de l'URSS dans la course du coton date de 1961. 1975 est l'année durant laquelle la production de cet espace atteint son apogée. L'URSS produit alors un quart du coton mondial. Depuis, un trend décroissant s'est installé : l'URSS ne produit plus que 13 % du coton mondial en 1991. Dans cet espace, quatre acteurs principaux sont à distinguer : l'Ouzbékistan, le Turkménistan, le Turkménistan et le Kazakhstan. Depuis l'ancien Empire russe du début du XXe siècle, l'Ouzbékistan[29] joue un rôle prédominant qui tend cependant à se réduire ; il produit encore aujourd'hui plus de 60 % du coton de la CEI, le Turkménistan en produisant 18 %, le Turkménistan 8 % et le Kazakhstan 5 %.

La taille des exploitations de la zone de la CEI varie entre 10 et 2000 ha ; on assiste à une baisse du niveau de mécanisation à cause du manque de pièces de rechange. En effet, à l'exception de l'Ouzbékistan, les pays de la CEI souffrent de la fermeture des usines de pièces détachées. Le manque de carburant explique aussi cette baisse de la mécanisation. Le prix du baril, et surtout la qualité des relations entre ces républiques et la Russie, ont une incidence majeure sur la production cotonnière de ces pays. Les difficultés liées à l'approvisionnement en intrants, la faible fertilisation sont aussi des limites à la production. L'Ouzbékistan

29 En 1913, avec 150 000 tonnes de coton-graine, l'Ouzbékistan produisait 75 % du coton de l'Empire russe.

se démarque encore dans ce domaine, en tant que fer de lance de la recherche agricole en Europe de l'Est.

L'égrenage est effectué par environ 250 usines, en général propriétés des divers États. Ces usines sont sous-utilisées (la CNUCED estime cette sous-utilisation à environ 50 % de la production annuelle), leur équipement est ancien, parfois inadapté et fortement consommateur d'énergie, ce qui constitue un réel handicap.

La filière est intégrée dans un système fortement encadré : le prix est fixé à tous les niveaux, de mêmc pour le prix des intrants. Dans le cas où les prévisions du plan ne sont pas respectées, la totalité de la production est « vendue au prix officiel qui représente environ 30 % du prix du marché. Depuis 2002, environ 50 % de la production sont ainsi écoulés »[30]. Dans le cas où la production dépasserait les prévisions du plan, les producteurs pourraient vendre leur coton sur le marché mondial.
L'Ouzbékistan est le deuxième exportateur mondial de coton ; ce pays a exporté entre 1991 et 2000 plus d'un million de tonnes par an, soit 18 % des exportations mondiales. La CCIC prévoit une baisse de la production ouzbek (- de 600 000 t en 2006)

## ▪ L'Inde

L'Inde est actuellement le troisième pays producteur de coton au monde. La grande variété de sols et de conditions climatiques permet une culture de la totalité des variétés de coton existantes. L'Inde parvient à produire la totalité du coton en quantité et diversité suffisantes pour couvrir les besoins de son industrie textile. Le mélange des fibres de coton de différentes variétés (qui possèdent des propriétés diverses) ou la présence de corps étrangers affectent la qualité du coton indien, ce qui a des conséquences sur la performance des industries de production de fil. Le manque de qualité du coton indien a conduit un certain

30 http://www.unctad.org/infocomm/francais/coton/filiere.htm

nombre d'industries textiles indiennes exportatrices à importer du coton de meilleure qualité.

La taille des espaces agricoles utilisés pour le coton compense le faible rendement qui se situe au 10ème rang mondial. 65 % des champs réservés au coton ne sont pas irrigués et dépendent des pluies de la mousson.

Figure 21
**Major world cotton producers, 2001-03 average**

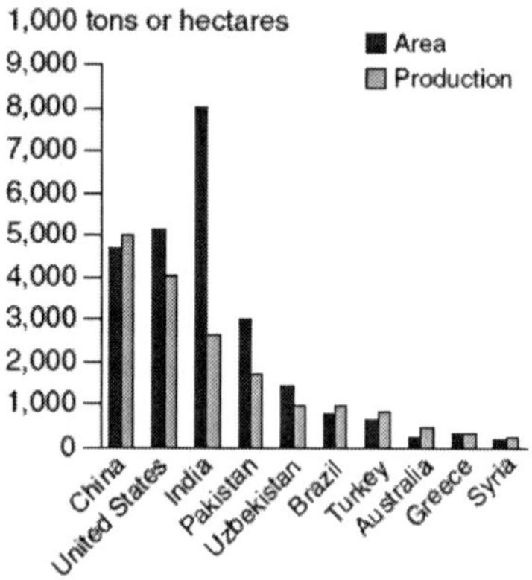


Figure 22
**Yields of major world cotton producers, 2001-03 average**

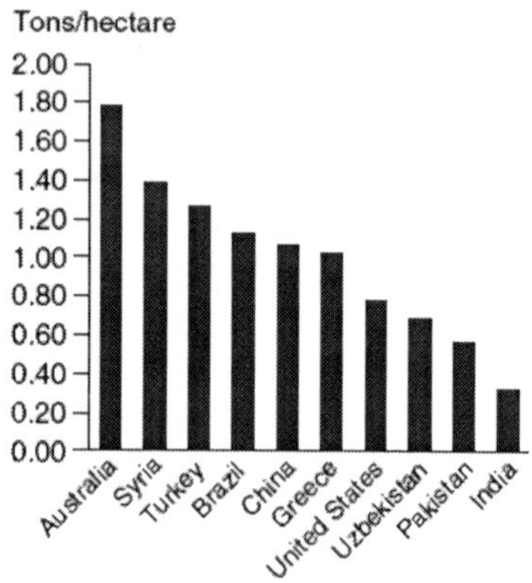


Source: U.S. Department of Agriculture, Foreign Agricultural Service, Production, Supply, and Distribution database.

Maurice Landes, Stephen MacDonald, Santosh K. Singh, et Thomas Vollrath dans leur étude sur les perspectives de croissance du coton et des industries textiles indiennes, donnent quatre raisons principales aux faibles rendements indiens :

- Le retard des semailles dû au retard des périodes pluvieuses ou à la fin tardive des récoltes de céréales, ce qui a pour effet une exposition limitée du coton au soleil et une récolte précoce avant maturité complète afin de libérer les champs pour la prochaine culture ; ce problème de la longueur de la période de maturation du coton pourrait être résolu par l'utilisation de variétés à maturation rapide.

- La forte dépendance aux pluies de la mousson qui affecte 60 à 70 % de la production. La situation de stress hydrique ainsi que la conscience de risques importants conduisent les producteurs à limiter leurs investissements dans cette culture.
- La qualité médiocre des graines de coton : le prix des variétés certifiées étant plus élevé que celui des graines non certifiées ou hybrides de deuxième génération, les producteurs choisissent souvent les graines les moins chères dans une optique de limitation de leurs coûts en cas de situation climatique adverse. Les auteurs de l'étude estiment qu'entre 100 et 130 variétés de coton sont cultivées en Inde ; dans la zone centrale, par exemple, un producteur de coton plante en moyenne 3 à 4 variétés de coton sur des champs d'environ 2 ha, ce qui fait du management des variétés un véritable casse-tête, management pourtant nécessaire à une amélioration des rendements.
- La protection du coton contre les divers virus et insectes qui l'attaquent est faible du fait de la mauvaise qualité des pesticides employés et du manque de formation des producteurs dans ce domaine. Les rendements réels des variétés existantes sont souvent bien éloignés des rendements potentiels dans des conditions de culture optimales[31]. Face aux particularités de la culture du coton en Inde, le besoin de variétés adaptées est criant et occupe les chercheurs indiens. L'introduction du coton Bt, résistant aux insectes, est un début de réponse.

31 Voir tableau annexe Inde

## ■ Le Pakistan

Le Pakistan occupe le quatrième rang mondial pour sa production de coton et le troisième pour ses exportations. Le coton a une importance vitale dans l'économie de ce pays : il représente 10 % du PIB agricole et plus de 60 % des rentrées de devises étrangères.

Cette filière emploie la majorité de la main-d'œuvre industrielle du Pakistan. Le coton joue un rôle essentiel dans l'industrie nationale ; il fournit la matière première à quelques 1000 usines d'égrenage et 400 usines textiles. Environ 9,5 millions de bales de coton -- soit un peu plus de deux millions de tonnes de coton par an (une bale = 225kg) -- sont cultivées sur presque trois millions d'hectares.

Les problèmes de qualité du coton récolté sont similaires à ceux que rencontre l'Inde. La présence de corps étrangers, les mélanges de variétés, ainsi que des techniques d'égrenage inappropriées font perdre 10 à 15 %[32] de sa valeur au coton pakistanais. L'un des problèmes majeurs était l'absence de système de standardisation permettant de classer le coton récolté selon des standards internationaux, ce qui fut réglé suite à un projet commun au gouvernement pakistanais, à la FAO et à l'UNDP. Un plan initié par le gouvernement d'Islamabad « Cotton Vision 2015 Targets » vise à améliorer la qualité du coton livré aux industries textiles pakistanaises et à accroître les rendements (les faire passer de 1400 kg/ha à 2120 kg/ha)[33]

Dans les années 1980, le Pakistan était l'un des pionniers dans l'exportation de coton-fibre, les besoins de son industrie textile contribuent à en faire un importateur net de coton-fibre dans les années 1990. En 2003-2004, le Pakistan importe 400 000

32 Cotton standardization and grading: Pakistan (Programme des Nations Unies pour le développement)

33 http://www.pakistantimes.net/2006/05/22/business2.htm : Cotton production in Pakistan to be raised to 20.70m bales by 2015, Pakistan Times Business & Commerce Desk

tonnes, ce volume réduit en 2004-2005 grâce à une récolte exceptionnelle.

Le démantèlement de l'accord multifibre (janvier 2005) et l'intégration des échanges internationaux de produits textiles dans les règles édictées dans le cadre de l'OMC, a un double effet sur la filière coton : il conduit à une augmentation de la consommation de produits fabriqués à partir du coton dans les pays industrialisés et à une augmentation de la production de ces produits dans les pays en développement (ce qui conduit à un besoin supérieur en coton fibre). En continuant à transformer la géographie de la production du textile fabriqué à partir du coton, le démantèlement de l'accord multifibre conduit des pays tels que l'Inde, le Pakistan et la Chine à renforcer leurs positions de producteurs de coton et de textile. Mais, comme l'expliquent Stephen MacDonald et Thomas Vollrath, il ne faut pas surévaluer les changements dus à ce démantèlement car d'autres instruments et tarifs en tous genres sont utilisés par les États pour contrôler l'entrée des produits textiles dans leurs frontières ou celles de l'entité régionale à laquelle ils appartiennent.

Après avoir dépeint l'environnement international dans lequel se déroule la production de coton, nous allons nous concentrer sur l'Afrique de l'Ouest qui, sur les trente dernières années, a vu sa production de coton progresser en moyenne de 6,6%. Cette région ne représente pourtant que 5%[34] de la production mondiale. Le fait que cette production soit essentiellement tournée vers l'exportation donne à cette région une certaine place au niveau international : elle représente entre 10 et 15% des exportations mondiales. Nous allons tenter de montrer quelle est l'importance économique et sociale du coton en Afrique de l'Ouest et du Centre.

34 http://www.atlas-ouestafrique.org/spip.php?article63

# C. L'importance économique et sociale du coton en Afrique de l'Ouest et du Centre

***La zone géographique qui nous intéresse***

Nous limiterons notre périmètre d'étude à l'Afrique de l'Ouest (les quinze pays de la CEDEAO : le Bénin, le Burkina Faso, le Cap-Vert, la Côte d'Ivoire, la Gambie, le Ghana, la Guinée, la Guinée-Bissau, le Liberia, le Mali, le Niger, le Nigeria, le Sénégal, la Sierra Leone et le Togo) auxquels nous ajoutons le Tchad et le Cameroun qui présentent une continuité géographique et humaine avec l'ensemble précédent. Nous suivons la délimitation réalisée par le Club du sahel et de l'Afrique de l'Ouest. Une explication profonde permettant de justifier ou de mettre en doute la cohérence géographique, linguistique, politique et culturelle de cet ensemble serait passionnante mais pourrait faire l'objet d'un mémoire à part entière. Nous nous contenterons d'écrire que cet ensemble rassemble des peuples aux histoires, traditions et langues anciennes, répartis sur des espaces qui ont été redessinés lors de la colonisation. Cette zone recouvre de nombreux pays qui ont appartenu à l'ancienne Afrique Occidentale Française mais aussi d'autres États qui ont été sous contrôle britannique à la même époque. Des géants géographiques tels que la Mauritanie, le Mali, le Tchad ou le Niger, côtoient des pays bien plus réduits et plus peuplés, ce qui produit de grands différentiels de densité.

Dans cet espace, les zones agro climatiques passent de la forêt humide dans les zones côtières au désert aride ou semi aride dans la partie nord. Ces pays divers dans de nombreux domaines ont des problématiques qui les rapprochent. La région, considérée dans son ensemble, a un PIB par habitant de 350 $ par an, regroupe quatorze des Pays les Moins Avancés, possède des centres urbains surpeuplés, une démographie galopante, une population jeune, des pandémies qui font des ravages. Cet ensemble est limité au nord par le Sahara et à l'Est par le Bassin du Congo. Il recouvre une superficie de 7,8 millions de km2 pour une population de 290 millions d'habitants (4,6 % de la population mondiale), et il est animé par diverses dynamiques. L'organisation des principales villes laisse apparaître deux axes : celui qui s'étire de Dakar à Ndjamena, en passant par Bamako, Ouagadougou, Niamey et Kano, et celui qui passe par les grands pôles côtiers : Dakar, Abidjan, Accra, Lomé, Lagos et Douala.

Source : plaquette du Club sahel de l'Afrique de l'Ouest CSAO : http://www.oecd.org/dataoecd/27/33/34648890.pdf

Dans l'espace qui nous intéresse, entre les isohyètes 800 et 1200, la CNUCED estime à 6 millions le nombre de personnes concernées directement par la filière coton. Dans cette zone, la production du coton est pluviale, très peu mécanisée et, par conséquent, très demandeuse d'une main-d'œuvre qui représente environ 60 % des coûts de production. L'Afrique de l'Ouest et du Centre est la deuxième région exportatrice de coton au monde après les États-Unis. Cette production est réalisée essentiellement dans de petites exploitations familiales qui cultivent le coton en rotation avec des cultures vivrières. Le secteur du coton est une source substantielle de devises étrangères ; en permettant un meilleur accès aux intrants agricoles, la production cotonnière a un fort impact sur la culture des céréales qui, à son tour, favorise la sécurité alimentaire. De nombreux analystes considèrent ce secteur comme une « success story » africaine qui joue un véritable rôle de catalyseur du développement.

## 1. Les filières cotonnières en Afrique de l'Ouest et du centre

Le coton n'a pas attendu 2003, ni que la communauté internationale s'y intéresse, pour être une réalité incontournable africaine. L'arbre à laine est présent sur le continent depuis le Xe siècle ; les Bambara, les Dogon, les Mossi, les Dioula ... le tissaient et l'utilisaient pour leurs tenues quotidiennes et cérémoniales. Le coton est promu au Sénégal dès le début du XIX siècle sans succès car les prix étaient trop bas pour permettre une adhésion des paysans à cette culture. La guerre de Sécession aux États-Unis, en déstabilisant la production américaine de coton, fit planer des risques sur l'industrie textile française. Une diversification des lieux de production fut tentée avec des résultats très peu satisfaisants. L'union cotonnière de l'Empire français (UCEF), qui deviendra l'Institut de recherche sur le coton et les textiles exotiques (IRCT) en 1946, fut créée afin d'améliorer les rendements et d'augmenter la compétitivité de la production cotonnière. Le secteur cotonnier fut structuré en filières intégrées au début de la seconde guerre mondiale. En 1949, l'IRCT céda la place à la Compagnie Française Des Textiles (CFDT) - devenue aujourd'hui DAGRIS – qui fut à l'origine de la mise en place de ces filières dans lesquelles l'État, au travers des sociétés nationales, était le grand chef d'orchestre, « fixait les prix aux producteurs, assurait le recours aux financements bancaires et extérieurs »[35], gérait tout un système de stabilisation dans lequel des fonds de stabilisation permettaient d'engranger les écarts positifs entre le prix de revient et le prix de cession ou de compenser les écarts négatifs, formait les producteurs... Ce fort encadrement de la filière a permis une certaine prévisibilité des prix, a réduit le risque couru par les producteurs et « assuré un horizon temporel long pour que les agents puissent faire des anticipations raisonnables et avoir l'apprentissage de comportements productifs »[36]. Michel Fok attribue au « mécanisme prix coton »[37], emprunté par la CFDT aux autres puissances colonisatrices, une grande partie du succès des filières coton. Un engagement des acteurs en aval de la production de coton – le secteur textile métropolitain -, est formalisé par la Convention UNICO. De même, le « barème » ou mécanisme de stabilisation permettait de soustraire l'ensemble des frais d'exportation, de production et d'égrenage, à un prix mondial anticipé, et de déterminer ainsi le prix à payer aux paysans. L'intensification de la culture du coton a conduit à la mise en place d'un « mécanisme combiné qui associait la détermination du prix d'achat du coton-graine et celle des prix de cession des intrants et des équipements agricoles. »[38]

Les filières coton telles que nous les observons aujourd'hui, avec leurs grandes sociétés cotonnières nationales privatisées ou en voie de l'être, sont le résultat de politiques étatiques fortes sous la pression, ou avec l'encouragement de bailleurs de fonds (réalisant des opérations de sauvetage lors de

35 Philippe Hugon, *Les filières cotonnières africaines au regard des enjeux nationaux et internationaux*, Notes et Études Économiques n° 23, septembre 2005, pp. 87-112, p. 91

36 Ibidem, p. 92

37 Ce mécanisme reposait sur l'annonce précoce du prix d'achat aux producteurs, un prix stable tout au long de la campagne malgré les fluctuations des cours mondiaux, unique sur tout le territoire, différenciés selon les niveaux de qualité du coton-graine et attractif.

38 Michel Fok, Ajustements nationaux de mécanismes prix face aux fluctuations du prix mondial : les leçons du coton en Afrique Zone Franc, CIRAD France, 2006, p.6

graves dysfonctionnements financiers) ou d'institutions internationales telles que la Communauté européenne ou la Banque Mondiale qui ont octroyé des crédits, favorisé la commercialisation et appuyé la recherche.

Les années 1980, avec leurs débats sur la mauvaise gouvernance, l'endettement des pays en voie de développement et leurs grandes politiques d'ajustement structurel, ont été la période où la Banque mondiale a imposé la libéralisation et la privatisation d'un certain nombre de secteurs, dont le secteur cotonnier. Le manque de transparence, l'intégration des filières coton, leur caractère monopolistique et la force des « liens post coloniaux entre les sociétés cotonnières et nationales et la CFDT »[39] en ont fait des cibles rêvées pour les réformes libérales « souhaitées » par les institutions internationales. Dans ce secteur, ces réformes n'ont commencé à être effectives que vers la fin des années 1990.

Un événement important, à la fin des années 1980, mérite d'être mentionné : le mécanisme de prix fixe qui avait prévalu depuis une trentaine d'années est remplacé par le prix minimum ou prix plancher qui devait permettre d'une part, d'établir un lien entre le prix mondial et le prix payé aux paysans, et d'autre part, d'associer les producteurs de coton aux bénéfices en cas de cours élevés grâce à une « ristourne » payée en fin de campagne. Michel Fok estime que c'est à ce moment-là qu'une suspicion généralisée a fait son entrée dans les filières, par manque de communication... « Dans aucun pays, on ne prit la peine de communiquer sur le changement du mécanisme et il n'y avait pas de fiche d'explicitation. Quand l'explication leur fut donnée, nombre de paysans en conclurent qu'ils n'avaient pas été payés à la hauteur qu'il aurait fallu pendant très longtemps. L'équité du prix d'achat du coton-graine devenait alors objet de doute, et ce doute s'étendit aux prix qu'ils payaient pour les intrants ou les équipements. »[40] Cette suspicion s'est étendue aussi aux différents groupes d'acteurs des filières nationales. Elle expliquerait la « léthargie » de la filière

39 Philippe Hugon, op cit., p. 93
40 Michel Fok, op. cit., p. 10

malienne ou la quasi « implosion » des filières béninoise ou ivoirienne. La charge politique attachée au niveau du prix plancher est un élément explicatif de la quasi-faillite de nombre de filières cotonnières où le prix plancher, trop élevé pour être viable combiné à l'obligation « morale » pour les États de vendre toute la production nationale de coton, conduisait les sociétés cotonnières à vendre à perte, creusant un déficit abyssal.

Les filières coton ont pu s'appuyer sur des facteurs extérieurs tels que la hausse des cours mondiaux de 1994 à 1997 ; l'appréciation du dollar par rapport au franc et la dévaluation du franc CFA en 1994 ont eu comme effet mécanique de doper les exportations en provenance de la zone CFA, d'augmenter le prix aux producteurs de coton et d'encourager la production de coton. On est ainsi passé d'une production de 200 000 tonnes par an en 1970 à une production de 1 037 000 tonnes en 2003[41].

La libéralisation de ces filières a été réalisée suite à une série de compromis entre la Banque mondiale, les États concernés et la coopération française. Le constat qui a conduit à cette libéralisation portait sur la trop faible rémunération des producteurs, la trop grande rigidité des mécanismes de fixation des prix, le manque de transparence de la gestion des filières, le manque d'efficacité et d'efficience des sociétés cotonnières et la nécessité d'avoir des organes de régulation et de contrôle. Bien que le diagnostic du mal dont souffraient les filières fut accepté par beaucoup, le remède proposé par la Banque mondiale ne bénéficia pas de la même unanimité. En effet, la Banque mondiale prônait l'intégration de la concurrence à tous les niveaux des filières, l'abandon des mécanismes de stabilisation des prix et de sécurisation du crédit des intrants et la totale privatisation des filières. Certains États africains ainsi que la Coopération française préféraient, à un idéal libéral, des filières qui fonctionnent et permettent de rembourser les différents crédits. La réforme des filières a conduit à lier les producteurs, les entreprises cotonnières,

41 CCIC 2004

les exportateurs et les importateurs au moyen d'un « dispositif contractuel ». L'indexation des prix aux producteurs et la diminution du rôle des acteurs étatiques ont été plus ou moins fortes selon le « modèle Banque mondiale » ou le « modèle Coopération française » adopté par les États. De manière générale, le rôle des producteurs a été renforcé au travers d'organisations paysannes.

*Tableau 3 – Modes d'organisation et impact des réformes des filières coton en Afrique*

| Modes d'organisation | Modalités principales | Efficience (+) | Dysfonctionnements (-) | Développement durable |
|---|---|---|---|---|
| Filière intégrée<br>Société publique (Mali 2005)<br>Privatisation par zonage en 2008 | Péréquation spatiale et temporelle des prix<br>Transactions liées crédit/produit<br>Organisations paysannes | Qualité des intrants et des outputs<br>Accès au crédit<br>Cohérence<br>Innovations techniques | Non transparence<br>Rigidité | Moyens<br>Déficits des filières en basse conjoncture (65 milliards de FCFA) |
| Filière quasi intégrée<br>Société économie mixte avec participation organisations paysannes (Burkina Faso, Cameroun) 2005 | Prix plancher annoncé avant semis<br>Rôle de l'interprofession. Marges des prix négociés entre acteurs | Id + transparence<br>Compromis négociés<br>Flexibilité<br>Déficits plus limités des filières | Problèmes de gouvernance | Positifs sur prix producteurs et environnement |
| Monopole public ou privé avec concession régionale (Côte d'Ivoire 2005, projet Mali) | Droits d'achats exclusifs dans la zone<br>Transactions liées | Transactions liées<br>Concurrence entre zones mais monopole privé ou public dans la zone | Conflits entre producteurs et égreneurs | Positifs puis négatifs |
| Libéralisation et autorité de régulation (Bénin 2005) | Gestion inter-professionnelle<br>Marché réglementé | | Asymétries d'information | Positifs sur prix producteurs<br>Négatifs sur environnement |
| Coordination marchande<br>Libéralisation<br>Sociétés privées en concurrence (Ghana, Tanzanie, Zimbabwe 2005) | Prix libre | Qualité de la fibre<br>Efficience quand agriculture capitalistique<br>Échec quand agriculture familiale | Asymétries d'information<br>Faible qualité des intrants<br>Volatilité des prix<br>Duopole sans baisse des prix (Zimbabwe)<br>Braconnage (Ghana, Tanzanie) | Positifs puis négatifs<br>Fortes inégalités territoriales<br>Effondrement au Ghana |

Sources : Tableau inspiré de CERDI (2001)

Les résultats de la réforme des filières sont difficiles à évaluer car les chercheurs ne bénéficient pas d'un recul suffisant et de nombreux paramètres extérieurs, tels que la volatilité des cours, les conflits sous-régionaux, ont une influence non négligeable mais difficile à quantifier. Les études menées par Louis Goreux en 2003, John Baffes en 2004 et Colin Poulton en 2004, donnent des résultats différents, mais les chercheurs s'accordent pour dire que la libéralisation a eu des effets positifs sur les prix payés aux producteurs et sur l'esprit d'entreprenariat. En revanche, ces réformes soulèvent un certain nombre de difficultés. Certains appels d'offre, du fait de l'absence ou la réduction très forte de l'influence de l'État, n'ont pu aboutir, les unions nationales de planteurs ne bénéficiant pas d'une crédibilité financière suffisante. Ces réformes, en rendant plus difficile l'approvisionnement en intrants, peuvent conduire à des risques phytosanitaires importants qui peuvent s'étendre à d'autres productions agricoles ayant un impact sur la sécurité alimentaire. Le manque d'infrastructures, notamment de stockage, les difficultés de transport, conduisent à des risques de baisse de la qualité des produits, à une augmentation des délais de livraison du coton aux usines d'égrenage, occasionnant des coûts supplémentaires. Les réactions des producteurs dans un environnement instable, plus risqué, extérieur au marché de l'assurance, se traduisent par une diversification de leur portefeuille, grâce à la pratique de la polyactivité et de l'extension des cultures. Les effets de complémentarité du coton poussent les producteurs à poursuivre cette culture qui leur permet d'avoir accès à des engrais et à des financements utiles aux productions vivrières, mais l'instabilité des prix ne les encourage pas à intensifier leur production cotonnière.

Un des problèmes majeurs de la filière est le manque de valeur ajoutée des produits exportés : seulement 6 % (estimations de Enda Tiers-Monde) de la production est transformée en produits finis sur place. Les moyens de traitement du coton graine, notamment la production de fibres et de textile ainsi que la trituration, sont sous-utilisés. Un différentiel dans les prix offerts aux producteurs conduit à des fuites de coton vers les pays voisins offrant un prix plus élevé, ce qui conduit à un manque à gagner pour certains pays privés des devises apportées par l'exportation du coton graine. Cela prive aussi certains marchés nationaux d'huile de coton nécessaire à la satisfaction des besoins alimentaires humains et animaliers.

Il est aussi important de mentionner que la production locale est en concurrence forte avec des produits importés tels que l'huile de palme (importée d'Asie du Sud-est) et les textiles chinois ou pakistanais, ou encore les produits envoyés dans le cadre de l'aide alimentaire.

Les déficits des sociétés cotonnières font partie des éléments très préoccupants de cette crise du secteur coton. Le prix au producteur qui est leur seule marge de manœuvre, est un levier dangereux et à double tranchant car il existe un « seuil de découragement » au-delà duquel les producteurs risquent de se détourner du coton et amplifier ainsi les pertes des sociétés et avoir un impact sur le PIB des pays concernés. Les pertes des sociétés cotonnières s'élèvent à « 45 milliards FCFA au Mali, 18 milliards au Burkina Faso, au Cameroun et au Bénin, 21 milliards au Tchad, pertes que ces sociétés sont incapables d'absorber sans concours extérieur. »

Nous allons consacrer les pages suivantes à une présentation de Quelques exemples d'organisation des filières coton en Afrique de l'Ouest. Cette synthèse est réalisée par l'auteur à partir des informations compilées sur le site de l'UNCTAD :
www.unctad.org/infocomm/francais/coton/filiere.htm#afrique

## La filière béninoise

Le coton est, en valeur, le premier produit de base exporté par le Bénin ; il représente environ la moitié du potentiel industriel du pays. Entre 1995 et 2000, le Bénin a exporté pour environ 164 millions de dollars de coton par an, soit 70 à 80 % de la valeur des exportations du pays et 13 % du PIB (d'après la Mission Économique de Cotonou)
45 % de la population rurale cultive le coton sur 20 % des surfaces exploitables du pays. Cette population est directement dépendante du coton. En 2002, les régions concernées par cette culture sont celles du Borgou et Zou, de l'Atacora, de l'Ouémé et du Mono.
Un investissement en outils de transformation, effectué entre 1989 et 1996, années fastes où les cours du coton étaient élevés, permet au Bénin de posséder un outil de transformation plutôt moderne ; « sur les 20 unités d'égrenage, 8 ont moins d'une dizaine d'années ».

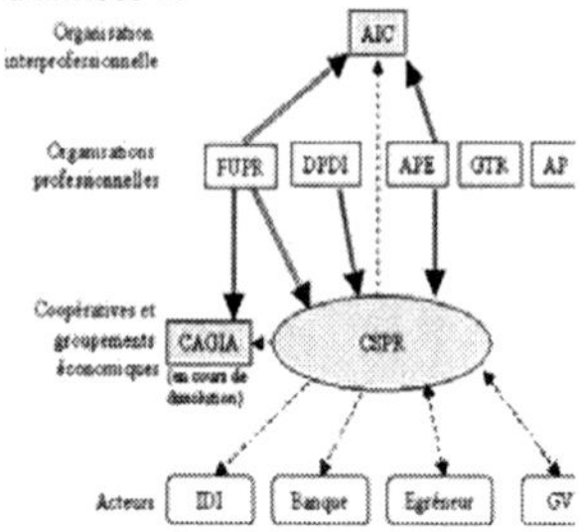


Source : Mission économique de Cotonou aup
l'Ambassade de France concernant la filière c
http://www.izf.net/IZF/EE/PRO/BENIN/5020

La morosité des prix en devises nationales, l'importance des coûts d'investissement, la faiblesse du CFA rendent ces outils peu rentables et surcapacitaires : leur capacité de production de 600 000 tonnes de coton graine n'est utilisée que pour transformer 350 à 400 000 tonnes de production réelle.
Le Bénin a (ou a dû) libéralisé son économie, ce qui a conduit au transfert d'un certain nombre de fonctions assurées par l'État à d'autres acteurs. Ainsi, la gestion et l'achat des intrants est maintenant sous la responsabilité de la coopérative d'achats et de gestion des intrants agricoles (CAGIA) et de l'association interprofessionnelle du coton (AIC) qui a aussi pour attribution de coordonner la commercialisation primaire du coton graine et d'assurer un arbitrage économique et financier entre les différents acteurs.

La centrale de sécurisation des paiements et du recouvrement (CSPR) a pour responsabilité d'assurer le recouvrement des crédits d'intrants et le suivi de l'achat et de la vente du coton graine. Une particularité importante pour les producteurs est qu'elle requiert des usines d'égrenage un « acompte de 40 % de la valeur de leurs quotas de coton graine en avance pour le paiement des producteurs (après déduction des coûts des intrants) ».
La vague de libéralisation a permis la mise en place d'un contrôle sur la totalité des importations, de la distribution des intrants agricoles réalisée par le secteur privé, qui possède aussi la moitié des capacités d'égrenage. Cela a aussi conduit à l'apparition de certaines difficultés : la quantité d'engrais par opérateur a chuté des 2/3 et les prix de cession des engrais ont été multipliés par deux. En 2002, la Mission Économique de Cotonou répertoriait les handicaps suivants : « l'absence d'appels d'offres internationaux, la dispersion des importations, l'application d'un barème pour les coûts de distribution, l'instabilité des distributeurs dont les agréments peuvent être remis en cause d'une campagne à l'autre et son corollaire le manque de professionnalisme des opérateurs (méconnaissance du marché, absence de compétences techniques), la péréquation des prix de cession aux producteurs des engrais NPKSB/Urée et des insecticides (insecticides simples et insecticides complexes) ».

# La filière malienne

Le coton est cultivé au sud du fleuve Niger, dans les régions de Sikasso, Ségou, et Koulikoro ainsi qu'à l'ouest dans le cercle de Kita. Les 160 000 plantations concernées par cette culture occupent un tiers de la superficie cultivée du pays et emploient environ 40 % de la population rurale, soit environ 2,5 millions de personnes sur une population de 12 millions d'habitants.

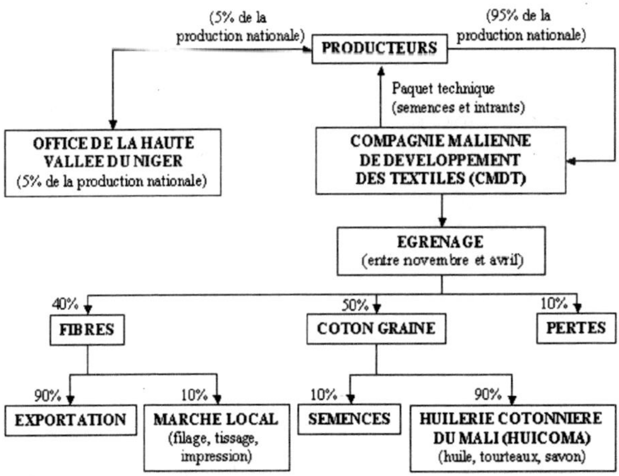


Le coton représente 35 % de la valeur des exportations maliennes entre 1995 et 2000, soit 178 millions de dollars par an, ce qui représente la deuxième source de devises étrangères après l'or.

La CMDT est détenue à 60 % par l'État malien et 40 % par Dagris avec une volonté d'ouverture du capital au secteur privé. La CMDT fixe le prix d'achat du coton aux producteurs et gère les 17 usines d'égrenage du Mali. Elle s'est retirée de toutes les activités ne concernant pas directement le coton (l'encadrement sur les vivriers, l'approvisionnement en intrants céréales, le désenclavement et l'entretien des pistes et la participation dans les huileries d'Huicoma).

L'approvisionnement en herbicides et en intrants relève du groupement des syndicats cotonnier et vivrier du Mali (GSCVM). Des intervenants privés ont la responsabilité du transport du coton fibre vers Abidjan et Dakar, et celle des huileries Huicoma et Sepom.

# La filière nigérienne

La production de coton est réalisée dans les zones de Gaya, Maradi, et Tahoua. Les capacités d'égrenage sont fournies par des importations en provenance du Bénin.

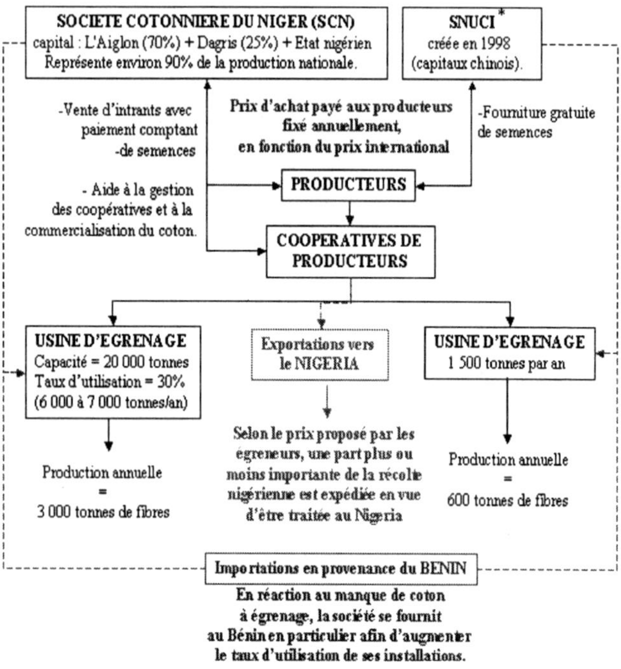


Deux acteurs ont en main l'égrenage et la transformation du coton : la Société cotonnière du Niger (SCN) -- réalisant 90 % de la production nationale, détenue à 70 % par la maison de négoce L'Aiglon et à 25 % par Dagris et l'État nigérien -- et la SNUCI, créée en 1998, détenue par des capitaux chinois et qui est active dans les régions de Gaya et Dosso au sud-ouest, près du Bénin et du Nigeria.

## La filière burkinabé

Le secteur cotonnier du Burkina Faso est considéré comme étant le plus performant de la zone ouest africaine. Le coton est en grande partie une affaire de l'ouest du Faso, principalement dans les régions de la Comoé, de Kossi, de Mouhoun et de Kénédougou

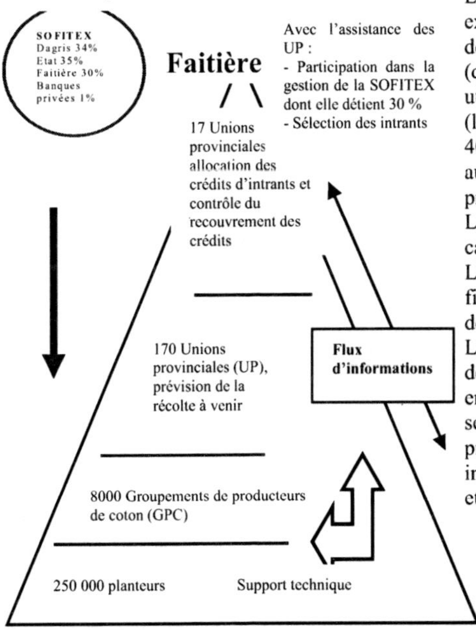


Le coton est cultivé dans des exploitations de type familial sur des surfaces allant de 20 à 30 ha (qui sont une minorité) et utilisant la force animale, à 1ha (la majorité) Entre 1995 et 2000 40 % des exportations sont dues au coton, la matière première principale exportée par le pays. L'intégration verticale caractérise la filière burkinabé. L'acteur incontournable de cette filière est la Sofitex, la Société des fibres et textiles du Burkina. L'unité de base de l'organisation des planteurs est le village, ces ensembles sont regroupés au sein du groupement des producteurs de coton (GPC), intermédiaire entre les planteurs et la SOFITEX.

Pour la récolte du coton, les camions de la SOFITEX vont dans les villages charger la récolte.

Le GPC reçoit de la SOFITEX le prix d'achat du coton graine (annoncé avant la période des semis) + ristourne pour la saison précédente (si le prix d'achat s'est avéré plus élevé) – le coût des intrants achetés auprès de la SOFITEX = la recette qui est distribuée aux différents planteurs du GPC. Dans le cas où le prix d'achat est plus élevé que le prix annoncé avant les semis, la ristourne est effectuée selon la répartition suivante : 50 % pour les producteurs, 25 % pour l'état et 25 % pour la SOFITEX.

Le coton est majoritairement exporté : 66 % vers l'Asie du Sud-Est et 20 % vers l'Europe, le restant est distribué entre les partenaires commerciaux africains et sud-américains.

La CITEC triture les graines de coton pour produire de l' huile alimentaire.

Les zones de production sont réparties entre certains acteurs : la SOFITEX conserve la sone Ouest, le consortium IPS/Reinhart contrôle la zone Centre, Dagris, la zone Est.

# La filière tchadienne

Le coton est cultivé depuis 1920, lorsque le Tchad était une colonie française. Cette production occupe 10 % de la surface cultivable, essentiellement dans le sud du pays, dans de petites exploitations de type familial, et représente les deux tiers des exportations. Environ 40 % de la population, soit 2 millions de personnes, sont employés directement ou indirectement pour la culture du coton.

Le Tchad exporte son coton essentiellement vers des pays de l'Union européenne (France, Allemagne, Belgique, Portugal et Espagne).

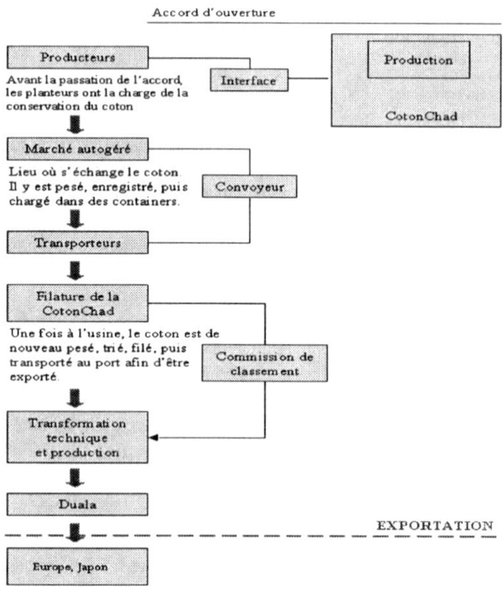


La Société cotonnière du Tchad (*Coton Tchad*), détenue à 75 % par l'État tchadien, à 19 % par Dagris et à 6 % par des banques locales, est le grand chef d'orchestre d'une filière intégrée verticalement. Cette société fournit les intrants, achète, transporte, transforme, stocke la production et commercialise le coton graine.

La filière tchadienne souffre du manque d'infrastructures nationales, de l'inexistence d'une faîtière (bien qu'il y ait des comités locaux de concertation (CCL) au niveau régional) regroupant l'ensemble des producteurs, ce qui explique en partie son manque de compétitivité. L'égrenage est réalisé dans 9 usines du sud du Tchad. Le pays dispose aussi de savonneries et d'huileries privatisées en 2003 ; elles sont désormais réunies sous la Direction de l'huilerie savonnerie (DHS). Dans une perspective de réformes libérales, la cellule technique pour des réformes du secteur coton (CTRC) est en pleine réflexion afin de préparer la libéralisation de la filière.

## 2. *Une importance variable selon les pays, mise en perspective*

L'importance du coton dans les économies nationales varie fortement selon la structure économique des États considérés. Nous avons réalisé un tableau de synthèse à partir des données de la Banque de France pour l'année 2005 afin de mettre en évidence la place du secteur primaire, et de la population active correspondante, dans l'économie des pays considérés, tout en donnant un aperçu du niveau de diversification du secteur primaire.

Tableau de synthèse des pays de la zone franc CFA

| | 2005 | Secteur primaire | Principales productions (en milliers de tonnes, 2005-2006) |
|---|---|---|---|
| Bénin | % du PIB | 32,2 | **Coton graine** *(milliers de tonnes)* 200,0<br>Prix d'achat aux producteurs *(francs CFA/kg)* 170,0<br>**Tubercules dont :**<br>Manioc *(milliers de tonnes)* 3 141,8<br>Igname *(milliers de tonnes)* 2 425,7<br>**Céréales dont :**<br>Maïs *(milliers de tonnes)* 870,2<br>Mil/Sorgho *(milliers de tonnes)* 203,6<br>Riz Paddy *(milliers de tonnes)* 69,8 |
| | % de la population active | 54 | |
| Burkina Faso | % du PIB | 31,5 | Mil/Sorgho 2 749,2<br>Maïs 799,1<br>Riz paddy 93,5<br>Arachides 220,5<br>Production de Coton–graine *(milliers de tonnes)* 751,0<br>Prix d'achat aux producteurs *(F CFA/kg)* 175,0<br>Ristourne sur prix d'achat (intéressement) 0,0 |
| | % de la population active | 84 | |

| | | | |
|---|---|---|---|
| Cameroun | % du PIB | 22,5 | **Fèves de cacao** *(milliers de tonnes)* **190,9**<br>Prix d'achat aux producteurs – grade 1/grade 2 *(francs CFA/kg)* (a) 450-585<br>**Café** *(milliers de tonnes)* **67,00**<br>Prix d'achat aux producteurs-Robusta *(francs CFA/kg)* 355-410<br>**Coton graine** *(milliers de tonnes)* **306,0**<br>Prix d'achat aux producteurs *(francs CFA/kg)* 190,0<br>**Bananes** *(milliers de tonnes)* 270,8<br>**Bois**<br>production de grumes *(milliers de $m^3$)(b)* 2 058,9<br>grumes exportées *(milliers de $m^3$)(b)* 786,1<br>**Pétrole** *(millions de tonnes)* **4,2** |
| | % de la population active | 49 | |
| Côte d'Ivoire | % du PIB | 23,3 | **Cacao** *(milliers de tonnes)* 1 254,5<br>Prix indicatif d'achat *(francs CFA/kg)* 400,0<br>**Café** *(milliers de tonnes)* 166,2<br>Prix moyen d'achat aux producteurs *(francs CFA/kg)* 225,0<br>**Coton-graine** *(milliers de tonnes)* 336,2<br>Prix d'achat aux producteurs *(francs CFA/kg)* 185,0<br>**Pétrole** *(milliers de barils)* 14 573,0<br>**Gaz** *(milliards de BTU)* 61 565,6<br>**Or** *(kg)* 1 638,0 |
| | % de la population active | 49<br>Cacao, café, coton graine | |
| Guinée Bissau | % du PIB | 55,8 | **Riz** 98,2<br>**Coton graine** –<br>**Noix de cajou (anacarde)** 126,5 |
| | % de la population active | 79 | |
| Mali | % du PIB | 35 | |
| | % de la | 80 | |

| | | | |
|---|---|---|---|
| | population active | | **Coton-graine** *(milliers de tonnes)* 536,7<br>Prix d'achat aux producteurs *(en FCFA/kg)* (b 160,0<br><br>**Mil/sorgho** *(milliers de tonnes)* 1 788,9<br>**Maïs** *(milliers de tonnes)* 634,0<br>**Riz paddy** *(milliers de tonnes)* 945,8<br>**Arachides** *(milliers de tonnes)* 212,2<br>**Production** *(en tonnes)* Or 49,1 |
| Niger | % du PIB | 41,1 | **Mil et sorgho** 3 167,7<br>**Niébé** 67,9<br>**Arachides** 126,8<br>**Riz Paddy** 481,2<br>**Coton graine** 10,4<br>uranium<br>**Production** *(en tonnes)* 3 000,0<br>**Exportations** *(en tonnes)* 3 590,0 |
| | % de la population active | 86 | |
| Sénégal | % du PIB | 16,4 | **Arachides** *(milliers de tonnes)* 703,3<br>Prix d'achat aux producteurs *(francs CFA/kg)* 150,0<br>**Coton-graine** *(milliers de tonnes)* 45,0<br>Prix d'achat aux producteurs *(francs CFA/kg)* 195,0<br>**Mil/sorgho** *(milliers de tonnes)* 752,4<br>**Maïs** *(milliers de tonnes)* 399,9<br>**Riz paddy** *(milliers de tonnes)* 289,4<br>2005<br>Phosphates<br>**Production** *(milliers de tonnes)* 1 689,0 |
| | % de la population active | 77 | |
| Tchad | % du PIB | 21,2 | **Coton** *(milliers de tonnes)* 200,0<br>Prix d'achat aux producteurs *(FCFA/kg)* 156,8<br>**Mil–Sorgho** *(milliers de tonnes)* 582,6<br>**Manioc** *(milliers de tonnes)* 744,4<br>**Arachide** *(milliers de tonnes)* 486,2<br>**Canne à sucre** *(milliers de tonnes)* 271,1<br>**Gomme arabique** *(milliers de tonnes)* 17,8<br>**Pétrole** *(millions de barils)* 63,9<br>**Pétrole** *(millions de tonnes)* 8,9 |
| | % de la population active | 72 | |

<table>
<tr><td rowspan="2">Togo</td><td>% du PIB</td><td>38,7</td><td rowspan="2">**Ignames** *(milliers de tonnes)* 688,3<br>**Manioc** *(milliers de tonnes)* 756,3<br>**Maïs** *(milliers de tonnes)* 561,5<br>**Mil et Sorgho** *(milliers de tonnes)* 205,3<br>**Riz paddy** *(milliers de tonnes)* 86,1<br>**Coton–graine** *(milliers de tonnes)* 90,0<br>Prix d'achat aux producteurs *(FCFA/kg)* 170,0<br>**Café** *(milliers de tonnes)* 9,3<br>Prix d'achat aux producteurs *(FCFA/kg)* 274,0<br>**Cacao** *(milliers de tonnes)* 3,6<br>Prix d'achat aux producteurs *(FCFA/kg)* 589,0<br>**Arachides** *(milliers de tonnes)* 37,8<br>**Phosphates**<br>**Production** *(milliers de tonnes)* 1 020,8<br>**Exportations** *(milliers de tonnes)* 1 047,9</td></tr>
<tr><td>% de la population active</td><td>67</td></tr>
</table>

Source : données BCEAO BANQUE DE FRANCE – Rapport Zone franc – 2005
Données répertoriées par l'auteur

En agrégeant les PIB de ces pays, la moyenne de la part du secteur secondaire est de 22,46 %. Nous avons calculé cela à partir des données de la BCEAO compilées par la Banque de France[42]. Dans cet ensemble, le Tchad se distingue avec un secteur secondaire important (53,5 %) soutenu par le BTP, les manufactures, les activités liées à l'extraction d'hydrocarbures, les usines d'égrenage. De nombreux pays, tels le Bénin, la Guinée Bissau, le Niger, le Togo et le Burkina Faso dans une moindre mesure, ont encore un secteur industriel embryonnaire qui n'est pas encore capable de résister à la concurrence mondiale ni de transformer une quantité importante des matières premières régionales.

Le secteur tertiaire présente des résultats intéressants, tirés par les activités commerciales, les télécommunications, le tourisme et les transports. Ainsi, ce secteur représente 60 % du PIB du Sénégal en 2005-2006, 54,5 % de celui du Bénin, 50,3 % de celui du Burkina Faso, 49,4 % de celui de la Côte d'Ivoire, 47 % de

42 Voir annexes

celui du Niger et 46,7 % de celui du Togo. En revanche, ce secteur peine à atteindre le tiers du PIB de la Guinée Bissau, du Mali et du Tchad.

Le secteur primaire occupe entre 49 et 86 % de la population active des dix pays représentés dans le tableau de synthèse, soit une moyenne de 69,7 % et contribue en moyenne à 31,7 % du PIB. Mais à l'intérieur de ce secteur primaire, le coton ne représente que 11 % des exportations agricoles ouest africaines, loin derrière le cacao (51 %). La Côte d'Ivoire, par exemple, est un pays de tradition agro exportatrice ; elle occupe donc la première place pour les exportations de cacao, de café, de caoutchouc, de noix de cajou, de bananes et d'ananas, et elle participe pour 54 % aux exportations régionales. Le Ghana, le Nigeria, le Mali et la Côte d'Ivoire représentent à eux seuls 80 % des exportations agricoles de la zone franc. « Le taux de couverture des importations régionales de produits alimentaires par les exportations agricoles est de 98 %. Toutefois, hormis la Côte d'Ivoire dont la balance agroalimentaire est excédentaire de 1900 millions US$, la balance agroalimentaire ouest africaine est déficitaire de 2000 millions US$. » Pour certains pays tels que le Bénin, le Burkina Faso et, dans une bien moindre mesure, le Togo et le Mali, le coton représente une part considérable des exportations et il est parfois considéré comme l'unique moteur de développement.

Une petite parenthèse microéconomique…

Au sein même des États, la production agricole est essentiellement le fait d'exploitations familiales, à l'exception de la production de caoutchouc, d'huile de palme ou de sucre qui s'effectue dans le cadre de plantations commerciales. Une typologie, réalisée par Camilla Toulmin et Bara Guèye dans leur étude *Transformations de l'agriculture en Afrique de l'Ouest et rôle des exploitations familiales* (2003), permet de souligner le fait que la production de coton touche directement le premier de leurs trois groupes d'exploitations : les « exploitations directement orientées vers le marché »[43] et concentrées sur les cultures d'exportation, dont le coton. Néanmoins, dans le deuxième groupe, bien que la culture des céréales permette de limiter l'importance des cultures de rente, les possibilités que le coton ou toute autre culture exportée offre, en terme d'accès aux intrants et aux crédits, conditionnent fortement la production des céréales, ce qui, par effet de vases communicants, touche à la sécurité alimentaire. En revanche, la troisième catégorie d'exploitations « orientées vers la production de céréales pour les besoins domestiques avec vente d'une part de la récolte » n'est pas directement touchée par les changements de donne au niveau international, mais reste sensible de manière indirecte aux revers des économies nationales.

## 3. *Importance économique et sociale du coton*

Les recettes des exportations et les financements extérieurs résument le gros des sources de financement des pays de cette région. Le coton est la seule culture de rente dans les pays sahéliens. Pour des pays tels que le Mali ou le Togo où le coton représente le tiers des exportations totales, il est possible de dire que l'équilibre de la balance des paiements dépend dans une grande mesure de la bonne santé de ce secteur. Dans le cas du Bénin et du Burkina Faso où la vente du coton rapporte les deux tiers des recettes d'exportation et où aucun autre moteur de cette envergure ne semble pouvoir entraîner le développement, la réussite du secteur cotonnier est vitale.

43 El Hadji Abdourahmane Diouf (ICTSD), Cheikh Tidiane Dieye (ENDA Tiers Monde), *Afrique de l'Ouest Note de Discussion*, juillet 2003, p. 9

*Tableau 1.- Part des recettes d'exportation du coton dans les exportations totales de biens fob*

| | 1994 | 1999 | 2004 |
|---|---|---|---|
| Bénin | 24% | 73% | 68% |
| Burkina Faso | 30% | 54% | 65% |
| Cameroun | 4% | 6% | 6% |
| Côte d'Ivoire | 5% | 2% | 2% |
| Mali | 40% | 43% | 28% |
| Sénégal | 3% | 2% | 2% |
| Tchad | 38% | 32% | 6% |
| Togo | 22% | 27% | 30% |

*Source : estimations à partir du modèle JUMBO*

En ce qui concerne la part du coton dans le PIB des pays qui nous intéressent, elle varie entre 5 et 8 % dans les pays sahéliens, mais elle a doublé entre 1980 et 2000 du fait de l'augmentation de la production de coton. Les simulations du modèle Jumbo démontrent une incidence certaine des évolutions du cours du coton sur les taux de croissance : une baisse du cours de 5 cents par livre de coton ferait perdre 0,13 point de croissance au Mali et 0,18 au Burkina Faso.

Le coton contribue aussi de manière indirecte au PIB en ayant des effets d'entraînement sur l'économie, des effets multiplicateurs, comme l'a montré l'étude de Nicolas Minot et Lisa Daniels portant sur l'impact du marché du coton sur la pauvreté rurale au Bénin, en 2002.

À partir des projections Jumbo, les auteurs mettent en évidence le rôle de soutien qu'a le coton sur la consommation des ménages dans les régions cotonnières grâce à une augmentation des revenus monétaires, due à la forte hausse des volumes et des prix aux producteurs. Dans sa synthèse, Nicolas Gergely estime que les marges nettes d'intrants des cotonculteurs étaient de 62 milliards de FCFA pour 170 000 exploitants au Mali, en 2003. Selon le même chercheur, le coton fait vivre directement et indirectement deux millions d'habitants au Burkina Faso, soit 17 % de la population nationale. Un calcul des effets du coton sur les revenus indirects issus de la production vivrière (favorisée par le coton) plus forte dans les régions cotonnières, amplifie encore ce soutien. « La consommation de biens tels que les savons, les vélos, les cyclomoteurs, les boissons gazeuses, biens qui sont pour la plupart produits localement, s'est accrue en milieu rural. Par ailleurs, l'investissement a été dopé par le boom cotonnier, les ménages ruraux ont investi dans leur logement, les industriels locaux ont parfois investi dans leur outil de production pour satisfaire cette demande supplémentaire, la capacité des usines d'égrenage a été étendue pour pouvoir transformer l'intégralité de la production. »[44]

Les recettes fiscales ont aussi augmenté : l'impôt sur les bénéfices des sociétés cotonnières, les droits de douane sur les importations d'intrants, les impôts sur les traitements et salaires ainsi que les recettes fiscales indirectes telles que la TVA gonflée par une consommation intérieure renforcée, viennent remplir les caisses des États. Toutefois, ces recettes sont très variables selon le niveau des cours du coton et l'état bénéficiaire ou déficitaire des sociétés cotonnières. Certains États ont mis en place une taxe conjoncturelle qui est perçue si les cours du coton dépassent un certain seuil. À titre d'exemple, une étude menée en 2004 conjointement par la Coopération française et l'AFD estime que la filière cotonnière a permis au Burkina Faso d'engranger directement et indirectement 14 et 25 milliards de FCFA de recettes annuelles de TVA et de droits de douanes entre 2000 et 2004, soit 4 à 7 % des recettes fiscales totales. Les exigences de bonne gouvernance des bailleurs de fonds actifs dans le secteur cotonnier viennent encourager les efforts étatiques visant à une meilleure rentrée de ces recettes fiscales.

Le coton a une réelle importance en terme d'emplois ruraux. Le faible degré de mécanisation se traduit par une utilisation intensive d'une main-d'œuvre salariée ou familiale.

44 Jacky Amprou(AFD), Thomas Bossuroy (DIAL), Hélène Djoufelkit(AFD), Thierry Latreille(AFD), Blaise Leenhardt(DIAL), Benoît Massuyeau(AFD), *Perspectives économiques et financières des pays de la zone franc*, Projections Jumbo 2005-2006, p. 142

« On estime entre 110 et 150 hommes-jour le temps de travaux nécessaire à la culture d'un hectare, ce qui permet de calculer que chaque tonne de coton fibre produite représente environ 320 hommes-jour de travail ».[45] (En 2005-2006, la production est estimée à 973 000 tonnes pour l'Afrique de l'Ouest et du Centre, donc environ 311 360 000 hommes-jour de travail auront été employés pour ce volume de coton produit.)

Dans une étude menée dans le cadre du Secrétariat du Club du Sahel et de l'Afrique de l'Ouest en novembre 2005, l'accent est mis sur le rôle de la production de coton dans le développement d'infrastructures socio-économiques, en particulier dans les pays où les sociétés cotonnières ont une importance historique comme c'est le cas au Mali et au Burkina Faso. La coordination du système cotonnier par l'État et les sociétés cotonnières est allée de pair avec la mise en place d'un réseau de services et d'infrastructures conduisant au renforcement de la gestion organisationnelle, de l'encadrement et de la formation des paysans, de l'accès à l'eau potable, de la présence de centres sanitaires, de pharmacies, d'écoles, et à la construction de routes désenclavant les zones de production. Tout cela a été mis en œuvre pour soutenir les acteurs d'un secteur stratégique et a bénéficié à l'ensemble de la communauté. « Le système de soutien intégré a par conséquent contribué à une amélioration du bien-être et du développement humains »[46]. Les réformes des filières, en conduisant à une disparition des grandes sociétés d'État, pourraient avoir des conséquences désastreuses pour le développement humain des régions cotonnières si les services anciennement rendus par ces sociétés n'étaient pas transférés à d'autres structures.

45 Nicolas Gergely, *Le Coton : quels enjeux pour l'Afrique ? Fondation pour l'Agriculture et la Ruralité dans le Monde*, novembre 2005, p. 10

46 Secrétariat du Club du Sahel et de l'Afrique de l'Ouest/OCDE, *Importance économique et sociale du coton en Afrique de l'Ouest : Rôle du coton dans le développement, le commerce et les moyens d'existence*, novembre 2005, p. 56

L'exemple de la Compagnie Malienne pour le Développement du Textile est emblématique. Au cours de son voyage aux pays du coton, Erik Orsenna passe par le Mali et raconte la visite d'un village producteur de coton, en compagnie de Mamadou Cissé, un ancien de la CMDT.

« En 1972, Mamadou Cissé entre à la CMDT. Il vient de finir ses études d'histoire. [...] On lui confie l'alphabétisation des paysans. En bon Français, admirateur de l'éducation nationale, je ne peux que m'étonner :

- C'était à la CMDT d'alphabétiser ?
- Un paysan qui ne sait pas lire ne peut cultiver du bon coton, j'ai vu se réveiller les villages. L'un après l'autre. À commencer par celui-ci, Kaniko.[...]

On le présente aux enfants. On lui montre les dernières motos chinoises Zhongyu et Dragon.

- Cadeaux du coton ?
- De qui d'autre voulez-vous ?

[...] En compagnie des autorités nous voici installés sous une toiture de bambous... le maire prend le relais :

- Nous le remercions. Pour l'école, pour la route refaite, pour le centre de santé, pour le quatrième puits, pour le dernier stage sur les insecticides...

L'homme modeste a entendu. Il proteste :

- Ce n'est pas moi, c'est la CMDT.
- Mamadou ne l'avouera pas, mais Kaniko est son enfant. Regardez nos arbres, par exemple. Vous avez déjà vu autant d'arbres dans un village africain ? Ailleurs, on les a coupés depuis longtemps pour les brûler. Ici, nous les respectons. Parce que Mamadou nous a appris que les arbres font de l'ombre et appellent la pluie. Le coton n'aime pas que les arbres. Les autres plantes sont ses amies. Car le coton est une plante difficile : celui qui sait le cultiver sait tout cultiver. Et d'abord le maïs, le sorgho, les céréales. [...] Le coton est notre locomotive.
- Pardon ?

- La locomotive de notre développement. Et le coton ne donne pas seulement de l'argent. On lui doit la paix, la bonne entente. Sans lui les hommes sont pauvres et ils se battent entre eux…

Je montre une sorte de boutique. […] d'après son enseigne, elle s'appelle *Kafo Jiginew*.

- *Kafo* veut dire Union et *Jiginew*, grenier. C'est l'union des greniers, notre banque gérée par nous, les paysans. Sans insecticides, pas de coton. Et sans crédit, pas d'insecticides. Devinez qui nous a enseigné les bases de la finance ?

On m'explique, avec patience et fierté. Le coton est acheté à un prix garanti. Sur la base de ces ressources prévisibles, la banque fait crédit. Un crédit qui va servir au coton (achat d'insecticides et pesticides nécessaires), mais aussi à toutes les autres cultures (outils, semences, bêtes…). Et voilà comment, via le crédit, le coton a développé notre région !
Sommes-nous bien toujours au Mali ?
On se croirait plutôt au pays CMDT. Un pays dont tous les services publics sont assurés par cette compagnie. Un pays important par sa taille (le tiers sud du Mali officiel) et par le nombre de ses habitants (près de trois millions). Un pays privilégié ; dans les autres régions, là où le coton ne pousse pas, là où la CMDT ne règne pas, l'existence n'est pas comparable : plus pauvre, démunie, abandonnée à elle-même. Ce pays est menacé par un ennemi farouche, la privatisation. »[47]

En d'autres termes, que nous empruntons aux chercheurs du Secrétariat du Club du sahel, « un effondrement de la production cotonnière imputable à une chute des prix et aux réformes affectant la prestation de services dans les zones cotonnières pourrait avoir des conséquences involontaires non seulement sur le développement agricole au sens large, mais

47 Orsenna Erik, Op. Cit., p. 26-29

également sur le développement humain et la réalisation des objectifs du millénaire pour le développement. »[48]

La production de coton a aussi donné lieu à l'apparition d'associations de producteurs de coton, organisées à partir d'une unité de départ qui est souvent le village. Ces organisations sont actives dans la distribution des intrants, l'organisation de la collecte, mais elles ont aussi gagné en visibilité et même en puissance pour certaines d'entre elles. Ces structures qui débordent les frontières nationales et s'organisent au niveau de la sous-région se sont imposées dans le débat actuel sur les subventions américaines et européennes qu'elles accusent de distordre le marché international de cette matière première. Les représentants des organisations de producteurs de coton apparaissent dans les forums tant aux niveaux national que régional, voire mondial. Même si ces organisations ne décident pas directement des politiques sectorielles, leur efficacité leur permet d'exercer une pression qui influence les décisions politiques nationales.

Après les glorieuses années 1994-1997, les cours du coton s'effondrèrent d'environ 39 % sur la période 1997-2002, avec un minimum de 35 cents la livre atteint en octobre 2001. Ces évolutions des cours ont eu un impact direct sur les pays dont une part importante des recettes d'exportation provient de cette matière première. Les subventions à la production et à l'exportation accordées par les États-Unis et l'Union européennes à leurs producteurs de coton sont désignées comme étant les grandes responsables de la surproduction mondiale, facteur explicatif de l'effondrement des cours. Selon une estimation du Comité Consultatif International sur le Coton, les producteurs subsahariens auraient subi un préjudice financier s'élevant à 1150 millions de dollars entre 2001 et 2003. Les pays exportateurs ouest africains

48 Secrétariat du Club du Sahel et de l'Afrique de l'Ouest/OCDE, *Importance économique et sociale du coton en Afrique de l'Ouest : Rôle du coton dans le développement, le commerce et les moyens d'existence*, novembre 2005, p. 56

ayant le plus souffert de ces distorsions sont le Bénin, le Burkina Faso, le Tchad et le Mali ; à l'origine de l'initiative sectorielle sur le coton, ils demandent l'élimination des subventions et le paiement d'une compensation en attendant que cette élimination soit effective. L'étude en profondeur des porteurs et du contenu de cette initiative sectorielle sera l'objet des développements suivants.

# DEUXIÈME PARTIE

# L'INITIATIVE SECTORIELLE EN FAVEUR DU COTON : CONTENU, ACTEURS ET CONTROVERSES

L'initiative sectorielle sur le coton montre une implication des pays africains dans une institution où ils étaient jusqu'alors très discrets : L'OMC. El Hadji Diouf et Eric Hazard font ce commentaire peu amène mais révélateur : « Il n'est pas exagéré de dire que tout leur [des pays africains] bénéfice découlant du système commercial résultait plus d'une volonté unilatérale ou d'un souci d'équilibre des autres membres que d'une quête argumentée et volontaire. »[49] Cette initiative est un véritable cas d'école pour les analystes, mais aussi pour les acteurs qui découvrent un nouveau jeu, complexe en alliances et en équilibres fragiles.

49 El Hadji Diouf (ICTSD), Eric Hazard (Enda Tiesr-Monde), *Initiative sectorielle, le difficile jeu des alliances en Afrique et à l'OMC*

# A. Un contenu en mouvement

## *1. Le choix du champ de bataille : une approche par le développement ou par le commerce pour sauver les filières cotonnières ?*

« Réduction de la pauvreté : initiative sectorielle sur le coton ». Un consensus sur le contenu et le titre aura nécessité un nombre considérable de débats entre les co-auteurs de l'initiative : le Bénin, le Burkina Faso, le Mali et le Tchad (C4). Face à ce problème multidimensionnel, comme le soulignent El Hadji Diouf et Eric Hazard, quels aspects devaient être prééminents dans cette initiative ? Le jeu d'équilibriste qui a conduit au texte de l'initiative devait prendre en considération « la nature des problèmes soulevés, les moyens à disposition pour une éventuelle solution et le choix judicieux de l'enceinte de la complainte. »[50] Il a finalement été décidé que cette initiative engloberait deux domaines : le développement et le commerce en mettant en évidence le fait que les subventions sont des obstacles au commerce en conduisant à une augmentation artificielle de l'offre sur les marchés internationaux[51] ce qui à son tour se manifeste par une distorsion des prix, sont une entorse majeure aux principes de l'OMC et ont un impact direct sur le développement de pays fortement dépendants de cette production de rente stratégique et sur le niveau de vie de millions de producteurs de coton.

Suite à l'Uruguay Round, en cas de manquement portant préjudice à un membre, un recours de ce dernier était possible afin

50 El Hadji Diouf (ICTSD), Eric Hazard (Enda Tiesr-Monde), Op.Cit., C, p. 16

51 «The very high levels of support given to cotton producers in certain Member countries of the WTO are one of the direct and major causes of the problems faced by global cotton production. They artificially increase supplies on international markets and bring down export prices. It has been established that there is a link between large-scale subsidies and the collapse in global cotton prices over the past decade. » Initiative sectorielle, TN/AG/GEN/4, p.4

de procéder à une qualification juridique des faits. L'impact des subventions américaines qui selon les mots de l'initiative sectorielle correspondraient à 60 % du PIB du Burkina Faso en 2003, et européennes sur les cours du coton et par conséquent sur les filières cotonnières ouest africaines donnait en théorie à ces pays le droit de porter un recours devant l'OMC. En 2001, alors que le cours du coton connaissait une baisse record, le CCIC crée un groupe de travail chargé de réaliser des études sur l'impact des subventions. En 2002 l'ONG Oxfam publie son rapport « Cultivating Poverty. The Impact of US Cotton Subsidies on Africa ». S'en suivent des études qui donnent des résultats différents selon les modèles utilisés. Pour ne citer que quelques exemples : l'étude du Food and Agricultural Policy research Institute en 2002 établit que la disparition des subventions aurait pour conséquence une augmentation de 11,4 % du prix mondial du coton et augmenterait les exportions africaines de 12,6 %, les études de la CCIC concluent que la disparition des subventions auraient un impact de +70 % sur le prix mondial entre 2001 et 2002 (et de 15 % entre 2002 et 2003), Louis Goreux estime à 250 millions de dollars le préjudice subi par les pays de l'Afrique de l'Ouest et du Centre au niveau de leurs recettes d'exportation en 2001-2002 et à un milliard de dollars lorsqu'il combine les effets directs et indirects[52]. Stephen Tokarick évalue à 95 millions de dollars les gains engrangés par les États-Unis grâce à ces subventions.

De plus, les efforts et autres ajustements « parfois douloureux » de libéralisation et de déréglementation consentis par l'Afrique avant la fin de l'Uruguay Round sont « supérieurs aux exigences présentées dans l'Accord sur l'Agriculture »[53]. Ce point est fortement souligné dans l'initiative : « In undertaking these reforms, they have shown their determination to become integrated

52 Louis Goreux, *Préjudices causés par les subventions aux filières cotonnières de l'AOC*, mars 2003

53 GROUPE AFRICAIN à L'OMC, *Proposition conjointe concernant les négociations sur l'agriculture*, G/AG/NG/W/142, 23 mars 2001

in the global market and observe the WTO's rules. [...] Consequently, they consider that a solution to the problems affecting cotton would enable the multilateral system to show that the objectives fixed apply to all Member countries and take into account the vital interests of the most vulnerable among them. »[54] Cela renforce l'idée selon laquelle ces PMA, demandent aux pays développés d'obéir à des règles du jeu qu'ils ont contribué à imposer.

De nombreuses contributions mettant en cause les subventions ont été apportées par des porte-parole du Groupe africain à l'OMC bien avant 2003 qui soulignaient que la croissance économique est [...] très largement tributaire des résultats de l'agriculture qui constituent le principal stimulant de la croissance dans les autres secteurs et du développement en général »[55]. Dans sa contribution le Groupe Africain à l'OMC, en mars 2001, explique en partie « l'absence d'investissement », et « l'accès limité aux marchés » par les forts niveaux de protection et de soutien interne ainsi que les subventions importantes que pratiquent les pays développés. Ce groupe prend aussi position et déclare que « les nouvelles réductions des tarifs applicables aux produits agricoles sera lié à une réduction progressive substantielle du soutien interne et des subventions à l'exportation des pays développés. » Dans les paragraphes traitant des questions relatives à la concurrence à l'exportation et au soutien interne, une demande expresse de réduction sensible et progressive en vue d'une élimination définitive des subventions à l'exportation et des mesures de soutien interne occasionnant des distorsions « sur le commerce et la production ». *La proposition du Burkina Faso sur les négociations sur l'agriculture* en mai 2001[56] développe aussi les mêmes points.

---

54 *Poverty reduction: Sectoral Initiative in favour of Cotton, joint Proposal by Benin, Burkina Faso, Chad and Mali*, 16 mai 2003, TN/AG/GEN/4, p. 3

55 GROUPE AFRICAIN à L'OMC, *Proposition conjointe concernant les négociations sur l'agriculture*, G/AG/NG/W/142, 23 mars 2001

56 G/AG/NG/W/185, 16 mai 2001

Le Doha Round avec sa forte préoccupation pour le développement faisait de l'OMC l'enceinte dédiée pour une initiative portant sur des questions relatives au commerce international mais aussi à la réduction de la pauvreté, comme en témoigne le cinquième point développé par l'initiative qui présente cette démarche comme une « manifestation pratique des objectifs de Doha »[57] Nous pouvons lire la déclaration suivante dans l'article 13 de la déclaration ministérielle de Doha en 2001 qui lance un nouveau cycle de négociations devant s'achever en janvier 2005 : « Nous rappelons **l'objectif à long terme mentionné dans l'Accord, qui est d'établir un système de commerce équitable et axé sur le marché au moyen d'un programme de réforme fondamentale comprenant des règles renforcées et des engagements spécifiques concernant le soutien et la protection afin de remédier aux restrictions et distorsions touchant les marchés agricoles mondiaux et de les prévenir**.[...] nous nous engageons à mener des **négociations globales visant à : des améliorations substantielles de l'accès aux marchés ; des réductions de toutes les formes de subventions à l'exportation, en vue de leur retrait progressif ; et des réductions substantielles du soutien interne ayant des effets de distorsion des échanges.** Nous convenons que le traitement spécial et différencié pour les pays en développement fera partie intégrante de tous les éléments des négociations et sera incorporé dans les Listes de concessions et d'engagements et selon qu'il sera approprié dans les règles et disciplines à négocier, de manière à être effectif d'un point de vue opérationnel et à permettre aux pays en développement de tenir effectivement compte de leurs besoins de développement, y compris en matière de sécurité alimentaire et de développement rural. **Nous prenons note des considérations autres que d'ordre commercial reflétées dans les propositions de négociation présentées par les Membres et confirmons que**

57 Dans le cinquième point de la version anglaise de l'initiative sectorielle sur le coton cela est abordé ainsi : « This initiative is a practical manifestation of the Doha objectives for cotton, which plays an essential role in development and poverty reduction in WCA countries. »

**les considérations autres que d'ordre commercial seront prises en compte dans les négociations** comme il est prévu dans l'Accord sur l'agriculture. » Les co-auteurs déclarent même qu'ils jugeront du sérieux des promesses de Doha à l'aune des solutions apportées à la question du coton.[58]

## 2. *Le choix des armes : le traitement différencié et/ou l'application sans distorsion des règles libérales ?*

En alliant développement et commerce, l'initiative sectorielle prend une posture libérale, en rappelant à l'ordre certains pays développés ne respectant pas les règles de l'OMC et en distribuant des subventions qui faussent le jeu du commerce international. Cela semble en opposition frontale avec une autre position défendue dans ce même document qui est la demande expresse du maintien du régime des préférences et du traitement spécial des productions agricoles dont le coton, ce qui conduit cette approche à défendre le libéralisme de manière sélective et ponctuelle. Cette ambiguïté de la position des pays africains est à mettre en relation avec leur intégration problématique dans le système commercial international et la particularité de leur statut qui leur donne des « droits » et des « obligations » différentes. Jusqu'alors, ce statut avait été utilisé de manière défensive afin de protéger certaines branches de productions incapables de résister à la pression du commerce international par manque de compétitivité et/ou trop fort éloignement des standards internationaux. Mais le cas du coton montre une approche offensive. En effet, le coton, qualifié de « success story » est mis en avant comme une des rares productions agricoles de rente qui pourrait être compétitive sur des marchés internationaux évoluant selon les strictes règles de

58 « The signatory countries consider that the solution of the cotton issue will show how serious were the undertakings given at Doha and will thus be an essential element of the objectives for the new round of negotiations. » TN/AG/GEN/4, p. 5

l'OMC. Ce coton devrait être considéré comme un produit spécial « en raison de [son] importance "en matière de sécurité alimentaire, de développement rural et/ou de moyens d'existence" »[59] et bénéficier de l'élargissement du concept de « produits spéciaux » qui passeraient d'une acceptation défensive à une défense d'intérêts offensifs[60]. La position des pays africains demandeurs d'une application plus effective des traitements préférentiels différenciés notamment dans le cadre des négociations sur l'agriculture, défenseurs d'une réelle prise en compte des « considérations autres que d'ordre commercial », conduisent à s'interroger sur la cohérence des prises de position qui mettent en avant une stratégie sectorielle basée sur une approche libérale pour certaines « niches de compétitivité » dans un système de traitement spécial différencié généralisé.

Plusieurs justifications permettent de défendre le traitement spécial différencié initialement mis en place dans le cadre des produits manufacturés pour permettre aux pays en développement de ne pas être soumis à un certain nombre de contraintes existant pour les pays industrialisés. Le manque de compétitivité du secteur agricole des pays en développement face aux puissants complexes agro-industriels des pays développés est une des justifications pour l'utilisation du traitement spécial et différencié dont l'objectif est de laisser aux pays un certain espace-temps pour permettre à leur économie de faire leur transition et s'insérer dans le système mondial. Ce traitement spécial et différencié opère de trois manières différentes : il permet aux pays en développement de bénéficier d'un pourcentage plus faible ainsi que d'une période de mise en œuvre plus longue des principaux engagements pris à l'OMC, il leur permet aussi de négocier une plus grande flexibilité dans l'utilisation de certains instruments de soutien interne et enfin, ce traitement permet aux pays en développement importateurs net

59 *Réduction de la pauvreté : initiative sectorielle en faveur du coton, Proposition conjointe du Bénin, du Burkina Faso, du Mali et du Tchad*, 16 mai 2003, TN/AG/GEN/4
60Idem

de produits alimentaires et aux pays les moins avancés, de profiter d'engagements spécifiques – dans le cadre du « *Decision on measures concerning the possible negative effects of the reform program on Least-Developped and Net Food-Importing Developing countries* » -. Alan Matthews rappelle que cette *Decision* fut une belle exhortation suivie de peu d'effets.

Le traitement spécial et différencié est légitimé par un certain nombre d'éléments tels que : les dangers que représente la libéralisation pour la sécurité alimentaire ou les revenus des populations les plus vulnérables, le rôle vital de l'agriculture dans le domaine de l'emploi, sa forte contribution au PIB, ses effets d'accélérateur sur l'économie, son rôle dans la lutte contre la pauvreté et son rôle d'équilibre face aux subventions accordées par les pays développés à leurs producteurs.

Néanmoins, ce traitement spécial différencié fait aussi face aux critiques de nombre de détracteurs qui, pour les plus extrêmes d'entre eux, comme le commente Alan Matthews[61], voient dans ces mesures une manière de revenir sur le concept de l'intégration des pays en développement dans le système international. De plus, les mesures protectionnistes sont de puissantes barrières limitant fortement le commerce au sein même des pays en développement. Pour une réelle effectivité, le traitement spécial et différencié doit être le fait d'un nombre limité de pays. La typologie, les critères de différenciation des pays éligibles, du fait de leur situation d'insécurité alimentaire, fait grand débat, chaque institution y allant de sa classification : le FMI se base sur le revenu par habitant, le IPC[62] cherche à faire une distinction entre PMA…

« À vrai dire, la posture adoptée induit un embrouillamini idéologique qui ne s'accommode que de la prise en compte stricte de ses propres intérêts. Et c'est tant mieux pour l'Afrique ! Car cela signifie le début d'une ère de confections d'agendas de

61Alan Matthews, « Special and Differential Treatment in the WTO Agricultural Negociations », in Pierre Rainelli, *Les politiques agricoles sont-elles condamnées par la mondialisation ?*, IFRI, Academia Bruylant, p269-304

62 Conseil International de Politique Commerciale pour l'Agriculture et pour l'Alimentation

négociations commerciales et de politiques publiques articulées non pas autour de chapelles idéologiques, mais plus autour des préoccupations des populations et des populations africaines en particulier. »[63] Cette déclaration d'El Hadji Diouf et Eric Hazard, malgré sa charge provocatrice nous paraît intéressante par bien des aspects. Dans le jeu complexe des négociations commerciales internationales où l'Afrique se voit encore donner beaucoup de directives, de recommandations, on ne peut plus contraignantes malgré la diplomatie du phrasé, on assiste peut-être à une évolution vers un positionnement stratégique et opportuniste avec une recherche de cohérence en fonction des contraintes multidimensionnelles du développement africain… vers une libéralisation réinventée et choisie ? En s'appuyant sur les engagements de Doha cette région pourrait ainsi défendre mieux ses secteurs stratégiques compétitifs, protéger son marché intérieur et trouver une place sur la scène des négociations commerciales internationales.

## 3. Une initiative qui évolue au fil des négociations

### *a. Un choix tactique : contentieux ou négociation ?*

L'Europe et les États-Unis, partenaires historiques ou émergents, sont désignés sans équivoque comme les principaux destinataires des revendications africaines. Il restait à décider de l'approche : contentieux ou négociation ? En août 2002, dans L'Observateur Paalga, le Ministre de l'agriculture du Burkina Faso propose trois solutions à la crise du coton : des négociations pour le paiement de compensations financières pour les victimes des subventions américaines et européennes, une forte implication de la région dans les négociations agricoles à l'OMC et le dépôt d'une

63 El Hadji Diouf (ICTSD), Eric Hazard (Enda Tiesr-Monde), Op. Cit., p. 67

plainte auprès de l'ORD. Lorsque le Brésil dépose son recours devant l'ORD, il encourage les pays ouest africains, par la voix de son Ambassadeur au Sénégal, en octobre 2002, à saisir l'ORD à leur tour. Les organisateurs de producteurs expriment leur soutien au Brésil et encouragent leurs pays respectifs à en faire de même. Le Tchad et le Bénin se constitueront tierce partie à la plainte brésilienne en mars 2003.

El Hadji Diouf et Eric Hazard commentent le rejet de l'option du contentieux en rappelant que le refus des États souffrant des effets des subventions américaines et du Farm Bill d'entamer seuls une procédure contre les États-Unis ouvrait la perspective d'une action collective par l'entremise de la CEDEAO ou de l'UEMOA. Or Seuls « les membres de l'OMC pris individuellement peuvent demander l'établissement d'un Groupe spécial. »[64], ce qui rendait l'approche collective par contentieux impossible. Un certain nombre de questions techniques nouvelles (démonstration de l'extinction de la clause de paix, structuration d'un argumentaire chiffrant les niveaux d'engagement des États-Unis…) pour des États qui n'avaient jamais éprouvé ces mécanismes de l'OMC s'opposait à la voie du contentieux. De plus, cette approche aurait risqué d'irriter « l'ogre économique et politique » américain causant des dégâts bien supérieurs à ceux occasionnés par leurs subventions. Les risques engendrés par une opposition frontale avec le partenaire important sur nombre de sujets qu'est l'Europe, a conduit le C4 à préférer une approche par la négociation.

Plusieurs options de négociations existaient : la voie bilatérale avec les États-Unis, d'une part, dans le cadre de l'African Growth Opportunity Act1 (AGOA) et avec l'Europe, d'autre part, dans le cadre des Accords de Cotonou. Le paradoxe qui conduisait les États-Unis à accorder des préférences commerciales au textile africain et à hypothéquer la production de coton par leur politique de subvention a peut-être été la raison pour laquelle le C4 ne s'est

64 El Hadji Diouf (ICTSD), Op. Cit., p.20-21

pas engagé dans cette forme de négociation. En revanche les Accords de partenariat Économique entre L'Union européenne et l'Afrique de l'Ouest, qui possèdent une double dimension, commerciale et de coopération, constituaient un cadre privilégié pour une négociation sur la réduction des subventions européennes.

Ces négociations entre l'Afrique et l'Union européenne ou « confrontation amicale »[65], semblent permettre l'élaboration d'une feuille de route « UE-Afrique » portant sur une assistance sous la forme « d'aides à la filière coton dans sa dimension régionale, en cherchant par exemple à diminuer les coûts de production ». L'approche par la négociation bilatérale avec l'Union européenne a aussi souligné des incohérences entre « les partenariats politiques et techniques autour des questions de développement et la réalité des partenariats commerciaux. »

Après avoir déterminé que la négociation est le meilleur choix tactique, les pays africains ont le choix entre une approche « horizontale » visant une réduction ou une élimination des subventions à l'exportation - qui ont des effets de distorsion – pour l'ensemble des produits agricoles concernés par l'Accord sur l'agriculture ; ou « sectorielle » conduisant à une limitation ou élimination de ces subventions produit par produit. La fermeture relative des secteurs agricoles de nombres de membres de l'OMC ainsi que la durée des négociations ne faisaient pas de l'approche « horizontale »[66] une option efficace et réaliste, selon une étude d'Alex Werth et El Hadji Diouf réalisée pour l'ICTSD. L'approche sectorielle a l'avantage de limiter « les flexibilités dont disposent les membres dans la protection de certains produits sensibles », ce qui n'est pas le cas de l'approche horizontale. Cet élément précis a même conduit le groupe de Cairns, l'Union européenne, à avertir

65 Cela caractérise la position des pays africains défendant leurs intérêts contre leurs partenaires historiques dans le cénacle des institutions internationales.

66Alex Werth, El Hadji Diouf, *L'Afrique de l'Ouest et du Centre et les Subventions sur le coton Options possibles en vue d'une stratégie commune dans les négociations sur les « modalités »*, ICTSD, 2003, p. 7

qu'ils ne soutiendraient pas une telle approche au stade de l'établissement des « modalités » de négociation à l'OMC. Ce qu'Alex Werth et El Hadji Diouf nomment la « solution médiane », consiste à individualiser le secteur cotonnier en insistant sur son caractère stratégique dans les économies ouest et centrafricaine ainsi que son rôle dans le développement et la lutte contre la pauvreté.

Les auteurs préconisent la rédaction d'une proposition commune aux pays de l'Afrique de l'Ouest et du Centre sur « des modalités sectorielles sur le coton » demandant une « solution immédiate » sous la forme d'une « réduction anticipée des subventions sur le coton », un « mécanisme d'indemnisation ou de compensation en attendant le retrait progressif des subventions ». Une « solution systémique » est aussi envisagée par Alex Werth et El Hadji sous la forme d'une suppression des subventions à l'exportation, une limitation des soutiens internes et une élimination des quotas et des droits de douane permettant un meilleur accès au marché pour le coton africain. Ces propositions seront reprises quasiment mot pour mot dans *l'Initiative sectorielle en faveur du coton*, soumise par le C4, appuyée par les pays de l'Afrique de l'Ouest et du Centre.

### *b. Du 30 avril 2003 à la déception de Cancùn*

Les changements dans le contenu de l'initiative sont révélateurs des négociations dont elle a été l'objet. Nous allons essayer de mettre en évidence les étapes principales.

Le texte de l'initiative sectorielle en faveur du coton soumise en mai 2003 propose trois mesures phares :

- « **L'élimination totale des mesures à la frontière, du soutien interne, ainsi que de toutes les formes de subventions à l'exportation sur le coton.** »

- « La mise en place à Cancún d'un système de réduction du soutien à la production cotonnière en vue de son **élimination totale** (early harvest) : une décision d'**application immédiate** et prévoyant des réductions substantielles et accélérées pour chacune des catégories de soutien à la production cotonnière doit être prise lors de la Conférence ministérielle de Cancún. Cette décision doit **fixer une date spécifique pour l'élimination totale des soutiens à la production cotonnière.** »
- « Des **mesures transitoires pour les PMA** : jusqu'à l'élimination totale du soutien à la production cotonnière, une **indemnisation financière doit être offerte aux PMA producteurs de coton pour les pertes de ressources qu'ils subissent, faisant partie intégrante des droits et obligations résultant du cycle de Doha.** »
    - « Qu'il soit tenu compte, dans la définition du montant global de l'indemnisation, des effets directs et indirects du soutien accordé à la production cotonnière sur les économies des PMA.
    - Que les indemnisations soient suffisamment élevées pour constituer une motivation additionnelle à réduire ou supprimer les subventions le plus rapidement possible.
    - Qu'il soit tenu compte du montant unitaire et total des subventions pour la répartition de l'indemnisation entre les pays qui subventionnent leur production. »

Le projet de texte ministériel pour Cancùn, présenté par Carlos Pérez del Castillo[67] et Supachai Panitchpakdi[68] mentionnait l'initiative sectorielle dans le point 25 : « Nous prenons note de la proposition du Bénin, du Burkina Faso, du Mali et du Tchad intitulée « Réduction de la pauvreté : Initiative sectorielle en faveur du coton » et convenons que [...] » Cette phrase inachevée devait

67 Président du Conseil général
68 Directeur général

être complétée par la réponse négociée par les membres de la Conférence ministérielle.

Le 10 septembre 2003, lors de la séance plénière de la Conférence ministérielle de Cancùn, le C4 est invité à présenter son initiative face à public plutôt sympathique - à l'exception des États-Unis -. Malgré cette « bonne » réception, les amorces de négociation se font rares à ce stade. Lors d'une rencontre avec le Groupe africain quelques heures avant la plénière, la délégation américaine semble avoir tenté à nouveau de trouver « des points d'accord sur la base de leur proposition »[69]. Cette « précipitation » semble avoir fait naître une certaine perplexité chez les observateurs surpris du sérieux que les Américains montraient sur ce dossier. L'Europe, quant à elle, est restée sur les positions qu'elle avait déjà exprimées lors du Cotton Tour[70] : n'étant pas exportatrice de coton, elle ne se sent pas concernée, de plus elle ne soutient pas la suppression de la totalité des subventions, mais seulement de celles qui ont des effets de distorsion sur les marchés, elle est favorable à une insertion des questions relatives au coton dans les négociations agricoles globales tout en soulignant les dangers qu'une telle demande peut représenter pour la Politique Agricole Commune. Un autre élément relatif au calendrier des négociations européennes qui incluent le coton dans la réforme des « produits méditerranéens », qui ne devait être entreprise qu'en 2004, crée un certain malaise dans la réception de l'initiative sectorielle en faveur du coton.

Le Directeur Général de l'OMC, Supachaï Panitchpakdi, est intervenu, sortant de sa « neutralité habituelle »[71] pour insister sur

69 Eric Hazard, *De Bobo à Cancùn, deux ans de campagne sur le coton : Bilan et perspectives avant Genève…*, ENDA prospectives dialogues politiques, 2004, p. 8

70 Le Cotton Tour a consisté en une série de rencontres organisées à Paris, Bruxelles et la Haye, avant la conférence ministérielle de Cancùn, réunissant les représentants de l'ensemble des acteurs de l'Afrique de l'ouest et du Centre concernés par le « dossier coton ».

71 Eric Hazard, ibid., p. 8

l'aspect crucial du dossier coton pour le C4. Ce dernier aura la responsabilité de conduire personnellement les consultations sur ce dossier après y avoir été invité par M. Derbez, le ministre mexicain. Pendant la conférence, de nombreuses rencontres bilatérales et multilatérales sous la tutelle ou non de Supachaï Panitchpakdi ont lieu.

La révision dans laquelle le paragraphe 25a relatif à l'initiative sectorielle en faveur du coton disparaît pour être remplacé par le paragraphe 27 qui, après avoir souligné « l'importance » et « l'urgence » du dossier, reprend l'essentiel de la ligne défendue par la délégation américaine :

- le coton est intégré dans les « consultations [...] sur l'agriculture, sur l'accès aux marchés pour les produits non agricoles et sur les règles pour traiter l'incidence de distorsions qui existent dans le commerce du coton, des fibres synthétiques et artificielles, des textiles et des vêtements ».
- La « diversification des économies » sur la base de consultations avec les institutions internationales est la solution ultime proposée

Il est très intéressant de noter que le texte de la réponse à une initiative qui est essentiellement basée sur une mise en cause des effets de distorsion des **subventions** européennes et américaines sur le marché du coton parvient à ne pas utiliser une seule fois le terme **subvention** ! Bien que l'urgence de la situation soit mentionnée dans les premières lignes, aucun cadre temporel n'est mentionné en dépit de la demande exprimée par les co-auteurs de l'initiative dans leur point n° 36[72]. L'Union européenne qualifie le

72 « La mise en place à Cancún d'un système de réduction du soutien à la production cotonnière en vue de son élimination totale ("early harvest") : une décision d'application immédiate et prévoyant des réductions substantielles, spécifiques et accélérées pour chacune des catégories de soutien à la production et à l'exportation cotonnière doit être prise lors de la Conférence ministérielle de Cancún. Cette décision doit fixer une date spécifique pour l'élimination totale des soutiens à la production cotonnière. Une période de référence adéquate, qui assure une réduction effective et non théorique de ces soutiens, doit être choisie. »

texte de « trop vague » et demande une intégration de cette question dans les 3 piliers de négociation sur l'agriculture. Le Canada, le groupe de Cairns et bien d'autres ont partagé une certaine déception à la lecture de la version révisée du texte ministériel. Dans sa synthèse, Eric Hazard affirme que cette révision du projet de texte ministériel de Cancùn est perçue comme une véritable « mascarade » et une « insulte »[73], et donne lieu à la rédaction d'une nouvelle proposition commune à l'Union africaine, le Groupe des PMA et le groupe Afrique Caraïbe Pacifique dans la nuit du 13 septembre[74] où les délais de suppression des subventions à l'exportation et à l'importation sont précisés, et la supervision du directeur général est demandée pour diriger le groupe de travail responsable de la définition des modalités pratiques et du financement du fonds de soutien transitoire qui, selon le texte, doit être créé pour soutenir le secteur coton des PMA. Le flou de la deuxième révision du projet de texte ministériel semble avoir poussé les défenseurs de l'initiative à préciser, limiter dans le temps leurs demandes tout en renforçant le rôle du Directeur général de l'OMC dans la mise en œuvre de leurs propositions. Cette reformulation est l'objet de plusieurs communications officielles, dont celle du Bénin du 7 octobre 2003 (WT/GC/W/516).

Le 14 septembre sonne l'échec de Cancùn et l'absence de consensus ; les pays en développement refusent d'entamer des négociations sur de nouveaux thèmes en réaction au non-traitement de leurs questions prioritaires. La conférence ne produira qu'une Déclaration contenant 6 paragraphes et demandant la convocation d'une réunion du Conseil général de haut niveau, intégrant le travail réalisé pendant la Conférence de Cancùn, avant mi-décembre 2003. . L'attitude des pays en développement, qualifiée

73 Eric Hazard, Op.Cit., p. 10
74 Les membres étaient engagés « à prendre, dans un délai de 3 mois, des mesures spécifiques comprenant l'élimination des subventions à l'exportation en 3 ans et le retrait des subventions à la production en 4 ans, à compter de 2005. » Note d'information sur le coton : pendant et après Cancun : www.ictsd.org

par Robert Zoellick, négociateur américain, de rhétorique « je ne veux pas » face à une rhétorique américaine « je veux », est responsable selon lui de l'échec de Cancùn. Les ONG telles qu'Oxfam, Enda Tiers-Monde, font porter aux États-Unis et à l'Europe la responsabilité de l'absence de consensus. Cet échec semble avoir quelques avantages reconnus par certains représentants des pays africains dont la Ministre sénégalaise du commerce, Aïcha Agne Pouye. Il marque un « tournant dans les relations entre le Nord et le Sud »[75], les Africains expriment un désaccord et résistent à un texte qui ne prend pas en compte leurs besoins

### *c. La préparation à Hong-Kong, un travail riche mais un résultat insatisfaisant*

Des consultations informelles organisées à Genève en octobre et en novembre 2003 ne permettent pas de véritables avancées sur le dossier du coton et font même craindre à certains observateurs notamment de IDEAS, un report de la réunion de haut niveau. Le C4 annonce sa volonté de soutenir une relance du cycle de Doha et de négocier sur le dossier du coton, mais se trouve en opposition avec de nombreux pays qui souhaitent l'intégration de la question du coton dans les négociations agricoles, complexes et longues et qui ne semblent pas vraiment le cadre optimal pour une réponse à une situation d'« urgence ». En inscrivant le coton dans les négociations globales sur l'agriculture, le risque est grand d'aboutir à des solutions qui ne correspondent pas à la situation particulière des pays producteurs de coton. De plus, de nombreux États ne sont pas convaincus par l'idée d'une « indemnisation » octroyée dans le cadre de l'OMC et souhaiteraient voir le fonds de compensation géré par une institution spécialisée dans le développement.

75 http://diapol.enda.sn/actu_cancun3.htm#echec

L'atelier régional de l'OMC organisé à Cotonou en mars 2004 en réponse à l'initiative du C4, se concentre sur « l'aspect aide au développement de l'initiative en faveur du coton »[76], laisse à l'OMC le soin de traiter des aspects commerciaux, comme le rappelle la déclaration liminaire de Supachai Panitchpakdi, et consacre l'approche séparée des questions commerciales et de celles liées au développement, ce qui n'était pas inscrit dans les premières versions de l'initiative. En revanche, l'approche multilatérale prolonge la stratégie de départ du C4. Dans les *Conclusions succinctes* l'Atelier de Cotonou, une grande avancée portant sur l'intégration de la question du coton dans les négociations globales sur l'agriculture est réalisée : « En examinant ces facteurs et en se concentrant sur les aspects développement, les participants ont estimé que l'on ne pouvait traiter les aspects relatifs au commerce de manière utile et efficace que dans le cadre plus large des négociations sur l'agriculture relevant du Programme de Doha pour le développement tout en continuant de mettre l'accent sur le coton. »[77]. Il est toutefois mentionné que l'avis des co-auteurs devait être pris en compte…

Samuel Amehou, Diplomate et Ambassadeur de la République du Bénin auprès des Nations Unies et de l'Organisation Mondiale du Commerce à Genève, dans un article dans lequel il analyse les avancées de l'initiative sectorielle en faveur du coton, commente cette évolution comme étant « un pis-aller qui offre un répit aux petits paysans », une concession à faire « pour que la filière ne meure pas »[78], une stratégie de négociation. Dans le cadre de l'atelier de Cotonou des propositions d'assistance technique et financière ont été faites au niveau multilatéral par les

76 Supachai Panitchpakdi, *Déclaration liminaire : Atelier régional de l'OMC sur le coton à l'intention des pays africains*, Cotonou (République du Bénin), mars 2004

77 *Conclusions succinctes, Atelier régional de l'OMC sur le coton à l'intention des pays africains*, Cotonou, République du Bénin 23 et 24 mars 2004, WT/L/564, OMC

78 Samuel Amehou, *Les Négociations de juillet 2004, l'insertion du coton dans le dossier agricole et la mise en place du Sous-comité du coton : conséquences et enjeux*

organisations intergouvernementales, mais aussi par des bailleurs de fonds bilatéraux[79].

L'Union européenne, après avoir adopté des propositions de réforme sur le secteur du coton en novembre 2003 visant à mettre en place des aides ayant peu d'effets de distorsion sur les marchés, ne reste pas inactive et soumet une proposition de relance du cycle de Doha autour de quatre thèmes : l'accès sans droit ni quotas pour le producteur des PMA, la réduction des soutiens internes qui distordent le plus les échanges commerciaux, l'élimination des subventions à l'exportation et la poursuite de la modernisation des filières cotonnières africaines. La lettre de Pascal Lamy et Franz Fischler envoyée aux Ministres du commerce des pays membres de l'OMC en mai 2004 développe ces points en insistant sur le besoin de trouver un compromis en juillet et de prendre en compte le caractère urgent de la question du coton. L'Union européenne soutient l'approche défendue par le Directeur général de l'OMC ainsi que de nombreux pays dont les États-Unis qui souhaitent une intégration de la question du coton dans les négociations sur l'agriculture.

Bien que de manière officielle les pays africains défendent un traitement séparé de la question du coton, un assouplissement de leur position est visible dans les textes de la déclaration de Dakar où les PMA réunis, les 4 et 5 mai, se déclarent « ouverts et flexibles quant aux voies et approches susceptibles de résoudre les divers aspects ». Le groupe ACP réuni au Botswana, à Gaborone, à la même date, demande dans le cadre de la réforme européenne un effort supplémentaire : un découplage à 100 % des subventions (et non de 65 % comme proposé), un plafonnement des subventions de la catégorie verte. En absence de

79 Amehou : l'Union européenne a fourni de plus amples informations sur son initiative pour le coton africain et les États-Unis ont fait de même à propos du Millenium Change Account (MCA). Dans le même temps, le Japon a répertorié les avantages à tirer de son programme TICAD alors que le Canada et la Chine ont réitéré leur engagement à fournir une assistance technique et financière relevée.

garantie d'un traitement spécial du coton dans le cas de son intégration dans les négociations globales, les pays ACP soutiennent un traitement de la question du coton en dehors des négociations agricoles.

En juin 2004, le rapport intérimaire dans lequel l'Organe de règlement des différends de l'OMC donne raison au Brésil en reconnaissant l'illégalité des subventions américaines sur le coton, est notifié aux parties. Ce jugement encourage le C4 dans sa lutte contre les subventions. Au mois d'août de cette même année, le Conseil Général de l'OMC adopte, après maintes négociations, une Décision appelée aussi « Ensemble des résultats de juillet », qui reconnaît « l'importance du coton pour un certain nombre de pays et son importance vitale pour les pays en développement, en particulier les PMA » et demande que cette question soit traitée « de manière ambitieuse, rapide et spécifique, dans le cadre des négociations sur l'agriculture »[80]. Il est aussi précisé que l'Initiative sectorielle, au même titre que la Décision d'août, sert de base pour les négociations. Pour calmer les inquiétudes et les véhémences des porteurs de l'initiative et donner une place « visible » au dossier coton, le texte mentionne que, dans le cadre des négociations sur l'agriculture, le coton doit être traité avec « le degré de priorité approprié ». Ce texte souligne l'importance de la recherche de cohérence entre les aspects commerciaux et *développementaux* de la question du coton. Cet « ensemble des résultats de juillet » crée le Sous Comité du coton, réponse de l'OMC à l'initiative du C4 et organe chargé exclusivement du dossier coton. L'objet de cet organe est résumé en ces termes : « Les travaux porteront sur toutes les politiques ayant des effets de distorsion des échanges affectant le secteur en ce qui concerne les trois piliers accès aux marchés, soutien interne, et concurrence à l'exportation »[81]. Les progrès réalisés lors des réunions « périodiques » du sous-comité

80 *Décision adoptée par le Conseil général le 1er août 2004*, OMC, août 2004, WT/L/579, Annexe A
81 Idem

du coton sont suivis, au moyen de rapports réguliers, par la Session extraordinaire du comité de l'agriculture.

Si l'une des raisons de l'échec de Cancùn a été le peu de place laissé à la question de Cacùn dans le projet de texte ministériel, les travaux de juillet 2004 se sont attachés à éviter un « Cancùn *bis* » et ont cherché à donner des signes forts aux défenseurs de l'initiative sectorielle sur le coton. Les positions du C4 ne sont pas reprises en tant que telles : le coton est intégré dans les négociations agricoles, les éléments liés au développement sont traités à part par des institutions et organisations spécialisées dans les questions de développement et non par l'OMC, les compensations restent toutes entières à négocier. Néanmoins, la priorité avec laquelle la question du coton doit être traitée, la spécificité de ce dossier, l'insistance sur la cohérence entre le développement et le commerce, l'ambition que l'OMC affiche à trouver des solutions à ce problème et la création d'un organe dédié au coton, sont des gages d'une volonté affichée de l'OMC de faire avancer ce dossier.

En avril 2005, sur la base des propositions du C4, le Groupe africain rédige un projet de modalités concrètes soumises aux membres de l'OMC. Les points essentiels s'organisent autour de l'amélioration de l'accès aux marchés par un accès libre et non contingenté du coton et de ses produits dérivés, la suppression des mesures de soutien interne créant des distorsions avant le 21 septembre 2005 et celle de toutes formes de subventions à l'exportation avant le 1er juillet 2005, la mise en place de mécanismes de surveillance du respect par tous les membres des modalités pratiques, et la création d'un « fonds d'urgence d'appui à la production cotonnière »[82] avec un niveau de ressource diminuant au rythme de la suppression des mesures de soutien interne. La réunion du 16 juin 2005 du sous-comité du coton voit une réunion des pays africains sous une bannière commune ; ils défendent tous

82 Communication du Groupe Africain, *Propositions d'éléments de modalités dans le cadre de l'initiative sectorielle en faveur du coton*, OMC, TN/AG/SCC/GEN/2, avril 2005

sans exception le texte de modalités distribué par le Groupe africain, soutenu par de nombreux États dont le Brésil... Le Japon émet quelques réserves, la formulation du compte-rendu officiel est très intéressante : « le Japon, qui souhaitait une solution rapide au problème du coton, avait des difficultés avec certains éléments de la proposition du Groupe africain, en particulier avec les dates qui y étaient mentionnées. »[83] La délégation japonaise demande aussi aux pays africains de montrer un peu de patience en laissant aux membres le temps d'examiner les différentes questions. Ce pays conteste la conformité de la demande d'un fonds d'urgence dans un organe qui ne doit traiter que des aspects commerciaux de la question du coton. Le Canada, lui, s'interroge sur l'efficacité d'un tel fonds. La Chine quant à elle, estime que les sous-produits du coton ne relèvent pas du mandat du sous-comité. Les auteurs des modalités pratiques ont dû se sentir rassérénés en entendant le Président du sous-comité, l'Ambassadeur Tim Groser, leur tenir les propos suivants : « Je tiens donc à remercier le Rwanda et le Groupe africain ; leur initiative n'a peut-être pas plu à tout le monde, mais elle nous a permis d'avoir une très bonne réunion. »[84] (!)

Lors de la réunion du sous-comité sur le coton qui s'est déroulée en juin 2005, des précisions importantes sur la position des États-Unis sont apportées dans la déclaration de la délégation américaine. L'accent est mis sur l'impact minime[85] du soutien interne sur le cours du coton, les États-Unis souhaitent que les négociations tarifaires sur le coton soient intégrées dans les négociations tarifaires globales portant sur les produits de base et les marchés, ils rappellent aussi que les droits de douane « élevés et imprévisibles et l'administration discrétionnaire des contingents

83 Sous-Comité du coton, *Rapport résumé sur la troisième réunion du sous comité du coton tenue le 29 avril 2005*, Note du Secrétariat1, TN/AG/SCC/R/3

84 Idem

85 Les États-Unis font référence à une étude de la FAO qui estime à 3,1 % l'augmentation du cours du coton dans le cas d'une suppression de toutes les subventions et des droits de douane relatifs au coton. Les États-Unis reconnaissent tout de même que leurs mesures faussent la production.

tarifaires »[86] devraient se voir attribués la même attention que les mesures de soutien interne. Ils proposent de mettre l'accent plutôt sur les difficultés liées à la concurrence croissante, aux problèmes de développement et à la contradiction de la demande qui, à leur tour ont des conséquences sur les rendements et les cours du coton. Pour eux, c'est un fait acquis que la production mondiale aille à la hausse entraînant une baisse inéluctable des cours et nécessitant pour l'Afrique de grands efforts de compétitivité. Ils se déclarent favorables à une aide au développement soutenant ou donnant une réelle viabilité au secteur cotonnier africain. Ils contestent l'efficacité d'un fonds de stabilisation. L'aide principale au coton doit être une augmentation de la demande de coton et produits du coton, selon les termes de cette déclaration ce qui passe par le démantèlement de « tous les obstacles tarifaires protectionnistes » et l'élimination des « possibilités de distorsion des échanges par la gestion des contingents tarifaires et des licences pour le coton et les produits du coton ». La délégation américaine redouble d'éloquence pour convaincre les membres du sous-comité des dangers d'un « résultat précoce » sur le coton, risquant de nuire aux autres questions, et de l'importance d'un succès dans les réformes globales, synonymes d'augmentation de la consommation, multiplication des choix et réduction des obstacles au commerce. Selon eux, un « résultat peu ambitieux de Doha » ayant seulement permis une réforme, même « substantielle », des subventions à l'exportation et du soutien interne pourrait nuire aux PMA.

En juillet 2005 alors que l'échéance des 12 mois approche, le bilan est insatisfaisant et il semble au Président peu réaliste de parvenir à une première approximation de l'intégralité des modalités, comme le calendrier le prévoyait. L'intégration du coton dans les négociations agricoles en fait une sorte « d'épreuve de vérité politique pour les négociations sur l'agriculture. »[87] Or en

86 Sous-comité du coton, *Rapport résumé de la quatrième réunion du sous-comité du coton tenue le 22 juin 2005*, TN/AG/SCC/R/5, juillet 2005
87 Idem

juillet 2005, ces négociations n'avançaient que très peu. La déclaration du Bénin est sans équivoque en ce qui concerne l'état des avancées : « pour ne pas pratiquer la langue de bois, la situation actuelle se résume à constater que nous n'avons enregistré aucune avancée significative. [...] Monsieur le Président, en effet, le paragraphe 46 de l'Annexe A de l'Accord-cadre de la fin juillet 2004 stipule que "les travaux sur le coton au titre de tous les piliers refléteront l'importance vitale de ce secteur pour certains PMA Membres et [que] nous travaillerons pour obtenir rapidement des résultats ambitieux". Rapidement, des résultats ambitieux. Depuis lors, où se trouve le "rapidement" et où se trouvent les "résultats ambitieux"? Je crois que nous ne devons pas renier ce que nous avons tous accepté et pris comme décision lors du paquet de juillet. [...] Dans ce que nous voyons depuis lors, est-ce qu'il y a encore la priorité, Monsieur le Président, Mesdames et Messieurs ? Est-ce que nous donnons, nous continuons de donner une priorité au dossier coton ? ... » Les accents ne sont plus positifs un mois plus tard, le représentant du Burkina Faso craint même d'aller à Hong-Kong « pour rien »[88].

La huitième réunion du sous-comité du coton, le 18 novembre 2005, a été l'occasion pour le C4 de proposer une nouvelle formulation de l'initiative sectorielle qui sera utilisée par le groupe lors de la Conférence ministérielle de Hong-Kong : les subventions à l'exportation devaient être supprimées avant le 31 décembre 2005, 80 % des mesures de soutien interne causant des distorsions devaient être supprimées d'ici le 31 décembre 2006, (10 % en 2007 et 10 % en 2008), le coton des PMA devait être exporté dans les pays développés sans contingent, ni droit de douane, et un fonds d'urgence devait être mis en place.

La conférence de Hong-Kong qui se déroule du 13 au 18 décembre 2005 affirme son attachement au programme de Doha,

88 Sous-Comité du coton, *Rapport résumé de la septième réunion du sous-comité du coton tenue le 28 octobre 2005*, TN/AG/SCC/R/7, novembre 2005

une série de mesures relatives à l'abaissement du soutien interne, divisent les membres en trois groupes distincts auxquels correspondent des engagements spécifiques de diminution du soutien. Des disciplines permettant un « abaissement effectif du soutien interne ayant des effets de distorsion des échanges »[89] doivent être élaborées. Une intégration des programmes des pays en développement qui ne causent des distorsions que minimes seront couverts par la catégorie verte et toutes les subventions à l'exportation ainsi que toutes les mesures ayant le même effet doivent être supprimées d'ici le 31 décembre 2013. Un certain nombre de disciplines portant sur les crédits ou les garanties de crédit à l'exportation, les programmes d'assurance[90], devraient permettre de limiter ces pratiques qui ont aussi des effets de distorsion. Les pays en développement ont obtenu de pouvoir désigner eux-mêmes les produits spéciaux à partir de critères fondés sur la sécurité alimentaire, la garantie des moyens d'existence et le développement rural. De plus, un mécanisme de sauvegarde spéciale, lié à des seuils de déclenchement en fonction des quantités importées, est décidé. Toutes ces mesures générales s'appliquent au coton, ce qui tend à confirmer les dires de certains observateurs qui estiment que le coton gagne à avoir été intégré dans les négociations globales. Plusieurs décisions ont été prises : l'élimination de « toutes les formes de subventions à l'exportation pour le coton en 2006 », l'accès en franchise de droits de douane et non contingenté du coton en provenance des PMA, « dès le début de la période de mise en œuvre, ce qui sous-entend un accord sur l'agriculture… L'intégration de la question du coton dans les négociations sur l'agriculture ainsi que l'engagement des membres à « traiter le coton de manière ambitieuse, rapide et spécifique, dans le cadre des négociations sur l'agriculture », est responsable des dispositions spécifiques au coton qui stipulent que la période d'application des dispositions de réduction des mesures de soutien

89 *Programme de travail de Doha, déclaration ministérielle adoptée le 18 décembre 2005*, décembre 2005, OMC, WT/MIN(05)/DEC

90 Avec des périodes de remboursement de 180 jours et moins.

interne doit être plus courte pour le coton qu'elle ne l'est en général pour les décisions négociées dans le cadre de l'agriculture. De plus, les réductions des mesures de soutien interne doivent être plus « ambitieuses » pour le coton que « dans le cadre de toute autre formule générale ». Un tel résultat est une « priorité », selon les termes du point onze. L'acceptation d'un mécanisme de compensation n'est pas mentionnée en tant que telle, en revanche, un demande est faite au Directeur général de travailler avec les diverses institutions et organisations de développement à la possibilité de la mise en place d'un « mécanisme pour faire face aux baisses de revenu dans le secteur du coton jusqu'à la fin des subventions. » Le flou reste sur la forme et la date d'opérationnalité d'un tel mécanisme, mais il n'en demeure pas moins que le refus de la prise en charge d'une forme de compensation par l'OMC est consacré. Si compensation il y avait, ce serait dans le cadre du volet « développement », contre l'avis des co-auteurs de l'initiative sectorielle. Un fort accent est mis sur l'effort d'amélioration de l'efficience et de la compétitivité du secteur cotonnier africain. En définitive, à la sortie de la conférence de Hong-Kong, la déclaration ministérielle signée par les membres de l'OMC contient quelques déclarations d'intention relatives :

- à une volonté de continuer à traiter le coton de manière « ambitieuse, rapide et spécifique »,
- à l'ambition de limiter le délai d'application des réductions des mesures de soutien interne et de garantir au coton des abaissements plus marqués que ceux décidés dans les négociations globales,
- à une réflexion sur un mécanisme de compensation qui serait mis en œuvre par les institutions de développement.

Soit. Serait-ce une définition moderne appliquée à l'OMC de l'expression « *accoucher d'une souris ?* »

Une communication des co-auteurs de l'initiative, le 16 février 2006 précise certains points : le niveau de réduction des soutiens internes souhaité est défini clairement : il doit être « trois fois plus élevé que celui des réductions à effectuer par la formule générale qui aura été agréée pour la réduction des soutiens internes dans l'agriculture », et le délai de réduction de ces soutiens doit être le tiers des délais prévus dans le cadre de l'agriculture[91]. Un article de Jacques Berthelot[92] donne une analyse très critique de ces propositions du C4. L'auteur met en évidence un manque de précision de cette proposition qui peut avoir des conséquences importantes ; la communication des co-auteurs ne spécifie pas si elle concerne les mesures de soutiens internes effectifs ou autorisés. Jacques Berthelot rappelle que l'Accord-cadre du 1er août 2004 auquel se réfère la Déclaration de Hong-Kong mentionne dans son paragraphe 6 que la réduction de l'ensemble des soutiens internes ayant des effets de distorsion des échanges porte sur le niveau de soutiens internes autorisés et non effectifs. L'absence de niveau de soutien autorisé par produit dans l'Accord sur l'agriculture, dans lequel se situe l'Accord-cadre, rend cette mesure caduque, si elle était interprétée comme concernant les mesures de soutiens autorisés et non effectifs. De plus, la différence entre les mesures de soutien autorisées, souvent bien plus élevées que les mesures effectives, conduirait une réduction de la MGS autorisée à ne rien changer dans les faits. Jacques Berthelot cite l'exemple de l'Union européenne : le niveau de soutien interne total autorisé est de 67,2 milliards d'Euros depuis juillet 2001 et le niveau appliqué était de 39,3 milliards d'Euros en 2001-2002. La réforme de la PAC devait conduire à une baisse de 48,4 milliards d'Euros par rapport au niveau de soutien interne total autorisé soit une baisse de 72 %, ce qui « explique pourquoi Peter Mandelson a proposé de réduire [le niveau de soutien interne total] de 70 % sans avoir en fait à réduire quoi que ce soit [du niveau de soutien interne total] *appliqué* qui pourrait même

91 Communication des co-auteurs de l'Initiative sectorielle en faveur du coton, Éléments proposés pour la formule de réduction des soutiens internes accordés au coton, TN/AG/GEN/12, TN/AG/SCC/GEN/3, OMC, février 2006

92 Jacques Bertheot (ENSAT), *Le C4 doit revoir son argumentation pour sauver le coton africain à l'OMC. Réflexions à partir de la communication du C4 à l'OMC du 1er mars 2006*, mars 2006

augmenter de 1,6 milliard d'Euros ! »[93] Les subtilités des négociations laissent songeur…

Les négociations et la série de consultations menées par Pascal Lamy en juillet 2006 sur les modalités pour l'agriculture et l'accès aux marchés pour les produits non agricoles n'ont pu aboutir à une convergence et ont créé une situation de blocage que nous connaissons encore aujourd'hui, fortement préjudiciable aux PMA et aux producteurs de coton en particulier, qui voient tout espoir d'avancée sur le dossier du coton mis en suspens. Cela donne raison à ceux qui craignaient les lenteurs occasionnées par une intégration de la question du coton dans les négociations globales sur l'agriculture.

Ce contenu de la négociation est indissociable de l'action des négociateurs qui se sont mobilisés en nombre pour donner un caractère emblématique à la question du coton, la positionner dans les priorités de l'agenda du commerce international et la garder présente à l'esprit du public. Le coton a été porté par des acteurs de sphères différentes dont l'interaction a été pour beaucoup responsable de la visibilité de cette question. C'est sur eux que se concentre notre prochain développement.

93 Jacques Berthcot (ENSAT, op cit.

## B. Les acteurs et les moyens mis en œuvre

Les relations entre les organisations de producteurs et les États sont variables d'un pays à l'autre. Au Mali, des tensions fortes existent entre la CMDT, la société publique et les groupements de producteurs. La qualité des intrants, leur prix, sont des sujets sensibles. De plus, la CMDT dont les dirigeants sont contestés par les producteurs de coton, est accusée par ces derniers d'avoir créé de manière artificielle et sans concertation préalable des groupements paysans « censés représenter les intérêts des producteurs dans son capital. »[94]. Les syndicats de producteurs se sont organisés en un Groupement des Syndicats Cotonniers et Vivriers du Mali (GSCVM) en 2003. Au Tchad, les relations entre les producteurs et la société Cotontchad ne sont pas non plus un modèle d'harmonie. Les cotonculteurs reprochent à leur société cotonnière de ne pas développer un véritable dialogue. Une situation similaire mais un peu moins conflictuelle se produit au Bénin. Au Burkina Faso, un accord interprofessionnel lie la SOFITEX à l'Union Nationale des Producteurs de Coton du Burkina (UNPCB) qui détient 30 % de la société cotonnière et participe au Conseil d'Administration. Hélène Seingier et Marc Lévy rappellent un élément important : l'UNPCB doit au soutien de la SOFITEX son émergence comme acteur dominant, au détriment de la Fédération nationale des Organisations Paysannes, « plus revendicative et syndicale ».

Dans ce patchwork de situations nationales différentes, les initiateurs du dossier coton ont été les représentants de producteurs, soutenus par la suite par différentes ONG altermondialistes. Les chercheurs du Club du Sahel et de l'Afrique de l'Ouest et du

94 Hélène Seingier, Marc Lévy, *Le coton à Cancùn, un bon exemple d'articulation entre influence des acteurs sociaux et gouvernance d'État*, Réseau IMPACT, Novembre 2004, p. 4

Centre nomment cela : une « approche par le bas »[95], par les principaux concernés. Cette première étape sera complétée par une « approche régionale » unissant les acteurs gouvernementaux, associatifs et non gouvernementaux de la sous-région. Enfin, au niveau international un jeu d'alliances complexes s'amorcera dans le cadre des négociations commerciales. Quelles ont été les étapes qui ont permis aux producteurs de coton d'impliquer leurs autorités gouvernementales dans la défense du dossier du coton ? Qui sont ces acteurs, qui représentent-ils, comment interagissent-ils ? Quelles sont les conséquences de l'influence des organisations de producteurs et des ONG sur les États ?

## 1. *Des producteurs de coton qui mobilisent leurs autorités nationales et régionales*

Le 21 novembre 2001, les producteurs de coton de l'Afrique de l'Ouest rédigent un *Appel commun* qui met en miroir les efforts consentis par les producteurs, les succès de la récolte qui est un « record de production » et la baisse subite du cours qui anéantit ces efforts. Baisse pour laquelle les subventions américaines et européennes sont incriminées car elles conduisent à une surproduction et mettent en danger, dans un irrespect flagrant des règles du jeu commercial édictées par l'OMC, des économies déjà faibles. Le cœur de l'argumentation est la contradiction entre politique commerciale et politique d'aide au développement. Cette déclaration commune à l'Union Nationale des Producteurs de Coton du Burkina Faso (UNPCB), le Syndicat des Producteurs de Coton du Bénin (FUFRO), le Syndicat des Producteurs du Coton et du Vivrier du Malin (SYCOV) et la Maison des Paysans de la région du Sud-ouest de Madagascar. À ces organisations de

95 Karim Hussein, Léonidas Hitimana, Christophe Perret, *La concertation sur la crise du coton en Afrique de l'Ouest et du Centre : chronologie des évènements clés 2001-2005*, Secrétariat du Club du Sahel et de l'Afrique de l'Ouest (CSAO) / OCDE, Septembre 2005, p. 13

producteurs de coton vont se rajouter celles du Cameroun en 2002. Leur stratégie est essentiellement basée sur une interpellation de leurs gouvernements respectifs et une recherche de visibilité sur la scène internationale. En avril 2002, les organisations de producteurs du Mali, de Madagascar, du Burkina Faso et du Bénin, envoient une missive à l'OMC réitérant leur demande de suppression des subventions américaines et européennes affectant le coton africain. Un second appel sera lancé par les organisations de producteurs ouest et centrafricains en mai de la même année. La « détonation » est partie, seuls les spécialistes des signaux faibles pouvaient l'intégrer à leurs projections.

En 2001 Enda Prospectives Dialogues Politiques, au Sénégal, et Oxfam UK. produisent leur étude *Production cotonnière et conditions de vie en milieu rural en Afrique de l'Ouest.* Diverses rencontres, dont celle de Dakar en février 2002, permettent aux associations de producteurs de coton de nouer des liens avec des ONG et de construire ensemble un programme leur permettant de rendre la question du coton « visible » au niveau international, de développer une argumentation en s'appuyant sur les experts de diverses ONG. Eric Hazard mentionne un élément important : l'aire d'influence des premières ONG concernées aux débuts du mouvement se limite à l'Afrique subsaharienne, or le caractère international de la question du coton ainsi que « la nécessité « d'exporter » ce dossier sur les rives du Lac Léman au siège de l'OMC »[96] requièrent des organisations influentes aussi au « Nord ». Le décodage et la capacité à utiliser les mécanismes complexes de négociation, l'accès aux réseaux et la sensibilisation des diplomates genevois sont laissés à des organisations spécialistes de ces questions telles que IDEAS[97] qui est présidée

96 Eric Hazard, *La participation des cotonculteurs d'Afrique de l'Ouest et du Centre aux négociations commerciales internationales*, International workshop on public-private dialogue, février 2006

97 L'Internatonal trade Development Eocnomic governance Advisory Services est une organisation à but non lucratif dont l'objectif est de contribuer à aider le commerce et

par Arthur Dunkel, ancien directeur du GATT et dirigée par Nicolas Imboden négociateur suisse fortement impliqué dans l'Uruguay Round. Partie d'une synergie sous-régionale, avec l'Association Cotonnière Africaine (ACA), créée en septembre 2002 à Cotonou afin de « défendre les filières cotonnières africaines, menacées par les pratiques commerciales anti-concurrentielles »[98], le réseau s'élargit pour devenir international et intègre des acteurs tels que Oxfam international et le Centre International pour le Commerce et le Développement Durable. La défense de la question du coton met en scène un David producteur de coton africain face à un Goliath américain ou européen, sujet taillé pour les ONG de développement. En effet, la faiblesse des producteurs de coton africains crée un déséquilibre du rapport de force difficilement soutenable. Cette remarque de Cliff Samson du Département de l'agriculture de l'Australie est une bonne illustration : « Le monde ne devrait pas tolérer une situation où la somme totale des subventions payées aux producteurs de l'Union européenne et des États-Unis est proche du PIB de toute l'Afrique entière »[99].

En juin 2002, la Conférence des ministres de l'Agriculture d'Afrique de l'Ouest et du Centre (CMA/AOC) se tient à Abidjan en présence des représentants des producteurs de coton et d'ONG. À la fin du mois, un mandat est confié à la CMA-AOC : elle doit analyser les impacts des subventions sur les filières coton et mener des négociations avec les États-Unis et l'Union européenne afin de supprimer ces subventions. L'automne 2002 voit l'implication des organisations sous-régionales dans la dynamique de défense du dossier du coton. L'Union Économique et Monétaire Ouest Africaine (UEMOA) ainsi que la Communauté Économique des États de l'Afrique de l'Ouest (CEDEAO) prêtent main forte à la CMA-AOC et cherchent à démontrer par des études l'impact des

l'intégration économique à produire de meilleurs résultats pour le développement (Mission Statement).

98 www.africancotton.org

99 Karim Hussein, Léonidas Hitimana, Christophe Perret, Op. Cit., p. 23

subventions. La pression maintenue des associations de producteurs et des ONG semble responsable de la réaction - même tardive - des États. La présentation qu'Eric Hazard fait de la recherche, de l'analyse, de la mobilisation et de la dissémination « aux bonnes personnes » de « l'information utile », chaque acteur ayant un rôle précis, est une définition, adaptée à ce cas précis, du concept d'*intelligence économique*. L'initiative en faveur du coton est soumise à l'expertise de IDEAS qui conseille les négociateurs africains à Genève. Le manque de moyens humains (seuls le Mali et le Bénin ont des ambassadeurs permanents à Genève) est criant et rend le travail de lobbying difficile. Denis Pesche et Kako Nubukpo estiment que le dossier du coton a permis une « prise de parole continentale »[100] grâce à une synergie entre les organisations de producteurs, les sociétés cotonnières, les États et les ONG.

En 2003, le secteur privé, au travers des sociétés d'égreneurs ouest africains, s'allie aux organisations de producteurs de coton et aux ONG pour lancer un appel commun. Le coton a cette particularité de faire converger les intérêts des producteurs, des égreneurs et des États. Cet appel reçoit un appui politique du Tchad, du Sénégal, du Mali, du Burkina Faso et du Bénin. Lors de la soumission de l'initiative, l'UEMOA, la CEDEAO, l'Union africaine ainsi que les PMA réunis à Dhaka en juin 2003, l'ont ouvertement soutenue. Suite à la soumission de l'initiative, les Présidents africains se mobilisent véritablement pour la défense du dossier du coton. Le Sommet d'Evian au début du mois de juin 2003 est l'occasion pour le Président sénégalais Abdoulaye Wade de soutenir l'initiative. Ce sera au tour du Président Blaise Compaoré de se faire le chantre du coton africain devant le Comité des négociations commerciales. Les Présidents maliens Amadou Toumani Touré et béninois, Mathieu Kérékou ne seront pas en reste.

100 Denis Pesche et Kako Nubukpo, *L'Afrique du coton à Cancún : les acteurs d'une négociation*, « Politique Africaine », n° 95, octobre 2004, p. 166

Partie des revendications des producteurs ouest et centre africains, la question du coton se retrouve mentionnée dans le projet de déclaration ministérielle de Cancùn le 27 août 2003 et portée à bout de bras par les Présidents des pays concernés.

## 2. *Des jeux d'acteurs complexes*

Denis Pesche et Kako Nubukpo, se sont livrés à une analyse du jeu d'alliances « multi-acteurs » qui s'est déroulé autour de l'initiative sectorielle. Ils développent une thèse qui nous paraît intéressante. Selon eux, l'initiative sectorielle en faveur du coton a été le théâtre de « logiques d'instrumentalisation croisées » utilisant l'Afrique et le coton comme façade pour masquer d'autres buts. Les États appartenant au groupe de CAIRNS[101] se sont très vite ralliés aux défenseurs de l'initiative qui, en condamnant les subventions américaines et européennes, aborde des thèmes qui s'inscrivent dans leur agenda. Le groupe de Cairns s'oppose fortement aux défenseurs de « la multifonctionnalité de l'agriculture » que sont l'Union européenne, le Japon, l'île Maurice, pour ne citer qu'eux. Le dossier coton permet aux ONG d'attaquer les « incohérences entre politiques commerciales et politiques d'aide au développement »[102]. Il leur permet aussi de faire naître un débat sur la légitimité des institutions internationales. En cela, Denis Pesche et Kako Nubukpo estiment que les pays africains semblent avoir joué une « partition dont ils ne maîtrisaient pas [toutes] les notes ». Selon ces deux chercheurs, l'initiative a aussi été un moyen pour les États africains de « redorer leur blason », apparaissant comme les « hérauts de la lutte contre la pauvreté et du soutien à leurs populations ». Les auteurs mettent en garde contre les dangers de la démarche qui

101 Le groupe de Cairns, constitué en 1986 en Australie dans le but d'inscrire les marchés agricoles dans les négociations commerciales, connu pour ses positions libérales qui « collent » aux objectifs de l'OMC, regroupe des États très hétérogènes qui ont comme point commun d'être agro exportateurs.

102 Denis Pesche et Kako Nubukpo, op cit., p. 159

consiste à se concentrer uniquement sur un ennemi extérieur, facilement identifiable car présenté de manière simple (voire simpliste) : les subventions américaines et européennes. Ceci permet de détourner l'attention de problèmes liés aux faiblesses internes de la filière coton dans les pays africains. L'initiative sectorielle a permis aux États du C4 de prendre la tête de revendications portées à l'origine pas des associations et des ONG. La question du coton est multidimensionnelle ; de ce fait, elle conduit à des alliances, des jeux d'influences nombreux et complexes qui dépassent la logique d'instrumentalisation.

### *a. Les organisateurs de producteurs et les ONG : une représentativité difficile*

Des figures telles que Léopold Lokossou, Président de la Fédération des Unions de Producteurs du Bénin (FUPRO) Bénin, et François Traoré, Président de l'Union des Producteurs burkinabés, qui se sont illustrés dans la défense du coton, voient leur représentativité mise à mal par leurs nombreux déplacements internationaux qui les coupent « du contact réel avec les producteurs »[103]. Cette difficulté de maintenir le lien entre les différents niveaux – villages, groupements régionaux, nationaux et internationaux - de leurs associations est un dilemme auquel toutes les organisations moyennes sont confrontées. C'est ce que Denis Pesche nomme la *question des échelles* qui intègre aussi une problématique liée à la multiplication des lieux de décision qui nécessite une articulation parfois difficile entre l'enracinement local et la construction d'une légitimité, d'une visibilité nationale, régionale et internationale. Le Réseau des Organisations Paysannes et de Producteurs de l'Afrique de l'Ouest (ROPPA), créé en 2002, est emblématique de ce problème : son ouverture et son ambition de regrouper l'ensemble des associations paysannes de la

103 Hélène Scingier, Marc Lévy, op cit., p. 11

CEDEAO en font une structure très éloignée du local, que les producteurs ne connaissent pas et dans laquelle ils ne se reconnaissent pas.

Des divergences fortes de points de vue existent entre le ROPPA et les organisations cotonnières nationales concernant l'approche par produit induite par une présentation du coton comme un « produit spécial ». Le ROPPA défend une approche transversale et non sectorielle des productions agricoles et lorsque son représentant déclare à Séville en novembre 2003 que « les subventions en agriculture, attribuées sur la base des droits et attentes des populations, sont légitimes, à condition qu'elles ne servent pas à promouvoir des exportations »[104], il renforce encore les incompréhensions et la distance entre lui et les producteurs de coton.

Une multiplication des acteurs sur la scène régionale défendant des intérêts divergents peut rendre la vision d'ensemble un peu floue. Pour ne citer que les acteurs majeurs, l'Easten Africa Farmers Fédération est créée en 2001 et, représente les intérêts de l'Afrique de l'est, la Plateforme Régionale des Organisations paysannes d'Afrique Centrale naît en 2004. Les producteurs spécialisés qui ne se retrouvent pas dans les organisations généralistes, s'organisent. C'est le cas des cotonculteurs qui fondent leur organisation spécifique en 2005 : l'Association des Producteurs de Coton Africain. Les sociétés cotonnières avaient déjà fondé en 2002 à Cotonou l'Association Cotonnière Africaine (ACA) dont l'objet est la défense des filières cotonnières africaines contre les pratiques commerciales anticoncurrentielles.

Denis Pesche intègre le mouvement des producteurs de coton dans un cadre plus vaste de mouvements paysans africains. Il propose un cadre d'analyse de la dynamique de ces organisations qui nous semble pertinent pour expliquer certaines tensions présentées plus haut entre les organisations paysannes. Il développe l'hypothèse selon laquelle ces organisations sont

104 Hélène Seingier, Marc Lévy, op. cit., p. 12

traversées par des tensions entre une première vision liée à la « stricte défense [des] intérêts des membres individuels » de l'organisation, considérés comme des producteurs intégrés dans une filière. L'approche est « économique », « gestionnaire, pragmatique ». Une deuxième vision plus globale s'intéresse à la place de l'agriculture - et non d'une production spécifique - et du monde rural dans la société. Cette approche est politique et généralisante. Les organisations de producteurs font des choix d'orientation qui les classent plutôt dans l'une ou l'autre des catégories. Il n'en demeure pas moins, selon Denis Pesche, que dans toutes les organisations, qu'elles soient plutôt de la première ou de la deuxième catégorie, la tension entre ces deux visions existe car ces organisations doivent répondre aux besoins très concrets de leurs membres, tout en se projetant dans une sphère qui dépasse ces besoins, ces stratégies et ces intérêts locaux, afin de mobiliser « des énergies dans la durée pour la construction des réseaux de relation et d'influence qui sont au principe du poids politique de leur organisation »[105]. Malgré les difficultés que génèrent ces tensions, elles peuvent aussi être source de dynamique permettant aux mouvements paysans de se développer.

Les succès et la croissance de cette société civile africaine qui se voit intégrée au sein même des délégations nationales africaines à l'OMC, génèrent des risques auxquels nous allons consacrer quelques lignes. Les représentants d'ONG ou d'organisations de producteurs intégrés aux délégations nationales africaines se comportaient non plus comme des représentants de la société civile mais comme des acteurs gouvernementaux, ainsi que le commente Dot Keet qui émet des doutes sur la capacité réelle de ces acteurs à influencer de « l'intérieur » les délégations gouvernementales. Selon elle, malgré les apports de ces acteurs non gouvernementaux, leur intégration dans les délégations

105 Denis Pesche, *Dynamique d'organisation des ruraux et renforcement des capacités pour l'élaboration des politiques publiques en Afrique subsaharienne*, Communication au séminaire CERI/GEMDEV/CIRAD, octobre 2005

nationales conduit à une dispersion des forces de la société civile qui perd de son indépendance et de son pouvoir de pression sur les gouvernements nationaux. La mise en garde suivante contre un mélange problématique des genres ne nous paraît pas vide de sens : « The knowledge and effectiveness of African NGOs could result in them becoming heavily sucked into merely providing their research skills and policy analysis to governments. This could have some positive effects, but they could also find themselves weakening and even losing their specific social role. Instead, they could gradually slide into mainly substituting for governments' own necessary efforts, and merely complementing (and even complimenting) 'persuadable' government officials. »[106] La liberté laissée (ou saisie par) à la société civile d'exprimer certaines idées dans un registre direct, provocateur, inutilisable par les négociateurs à l'OMC et selon des positions parfois opposées à celles des gouvernements des pays concernés, est mise à mal par des relations croisées, trop proches des structures ou représentants gouvernementaux.

106 Dot Keet, *Key Economic and Political Challenges Arising from the WTO Ministerial Conference in Hong Kong*, December 2005, Alternative Information and Development Center, Cape Town, avril 2006, p. 24

### *b. Les acteurs étatiques : une redéfinition des relations avec les partenaires du « Sud »*

De nombreuses alliances ont été conclues lors de la conférence de Cancùn, Les pays s'organisent en groupes de défense d'intérêts communs. Le G90 en est un, qui réunit 64 membres de l'OMC. Ce Groupe est une alliance de groupes déjà constitués de pays tels que le Groupe Africain, le Groupe ACP, le Groupe des PMA, dans lesquels de nombreux systèmes de communication, de *reporting*, de délégation de responsabilité et de consultation existent. Une sorte de capitalisation de tout cela a permis au G90 de fonctionner. Le G90 se mobilise pour la défense du système des préférences commerciales. La coopération effective du G90 est un des atouts qui a permis aux pays en développement d'avoir un poids commun suffisant pour que leur désaccord à Cancùn soit considéré. En revanche, lors de la Conférence de Hong-Kong, le G90 n'a pas su définir des lignes fortes d'intérêts communs.

L'Indonésie et les Philippines sont à la tête d'un autre groupe de PED, le G33 qui regroupe en fait 42 pays. Le G33 réunit des pays possédant un important secteur agricole. Ce groupe s'est fortement engagé à Hong-Kong, et avec un certain succès, dans la défense des produits spéciaux et des mécanismes de protection des productions agricoles nationales. le G33 s'élève contre la demande de réduction des subventions que les pays en développement pourraient utiliser pour soutenir leur secteur primaire. Par souci d'efficacité, les thèmes traités par ce groupe se limitent à des sujets très précis sur lesquels tous les membres défendent la même ligne. Dix membres[107] du G33 sont aussi membres d'un autre ensemble : le G20 qui regroupe des pays agro exportateurs dont le Groupe de Cairns qui défend une position offensive liée à l'accès aux marchés

107 La Chine, Cuba, l'Inde, l'Indonésie, le Nigeria, le Pakistan, les Philippines, la Tanzanie, le Venezuela et le Zimbabwe.

des pays développés. Le G33 et le G20 ont cherché à négocier un agenda commun à Cancùn, le G20 a intégré dans ses thèmes la lutte contre l'érosion des préférences ainsi que la défense de la question du coton. La présence du Brésil, de l'Inde et de la Chine a donné d'emblée à ce groupe une certaine visibilité médiatique qui a permis de mettre les pays émergents et les pays en développement sur le devant de la scène, à Cancùn et a créé un espace que le G33 et G90 ont pu investir. En 2004 à Delhi, la Grande Alliance entre l'ensemble des pays émergents et en développement est annoncée par les représentants du G20, du G33, de l'Union Africaine, des PMA et du Groupe ACP, qui affirment vouloir créer une unité autour d'une plateforme commune et mener à bien les négociations de Hong-Kong, une grande première dans l'histoire de l'OMC.

Lors de la relance des négociations de Genève, les États-Unis, l'Union européenne et l'Australie ont intégré le Brésil et l'Inde formant le Groupe des Cinq parties intéressées, qui est en grande partie responsable de l'Accord cadre de juillet 2004. À cette occasion, les pays du G 33, menés par l'Indonésie, et les pays producteurs de coton se sont opposés au G 20 du Brésil et de l'Inde. Ce dernier groupe s'est vu accusé d'« égoïsme et de manque de solidarité »[108], oubliant de « protéger les marchés du Sud et les petites paysanneries traditionnelles », et ne se concentrant que sur l'élimination des subventions agricoles et des barrières douanières, deux sujets centraux pour les économies agro exportatrices brésilienne et indienne. Parmi les pays en développement, l'accord de Genève n'a paru « équilibré », qu'aux porte-parole brésiliens et indiens... La communauté de « vision » entre le G20 et le G33 a été de courte durée, dès les négociations de Hong-Kong. Les intérêts des producteurs exportateurs des membres dominants du G20 que sont le Brésil, l'Argentine, le Chili et l'Afrique du Sud, ont occupé la première place de l'agenda du groupe reléguant les demandes du G33 bien derrière.

108 Marie-Pierre Paquin-Boutin, *La nouvelle stratégie commerciale des puissances du Sud : le G-3, le G-20 et le cas du Brésil*, « La Chronique des Amériques », février 2005 n° 6

Des difficultés internes au Groupe Africain expliquent certaines de ses contre-performances. Ce Groupe est loin d'être homogène et des dissensions internes ont contribué à l'affaiblir, mais l'une des failles les plus importantes a sans doute été l'attitude individualiste de certains porte-parole, bloquant la dynamique de l'ensemble du groupe. De plus, certaines équipes telles que l'équipe kényane qui avait été active dans la direction du Groupe Africain à Cancùn semble avoir été placée dans des rôles « formels » dans l'organisation des conférences. Ce qui a eu un réel impact sur la dynamique et l'efficacité des interventions du Groupe. Selon Do Keet, la plus grande faiblesse du Groupe Africain a été de se laisser « bercer » par le discours et la « solidarité grandiose » de la Grande Alliance. Le « Sud » est effectivement très diversifié. En ce qui concerne les relations avec les partenaires du « Sud », cette phrase est une bonne synthèse : « The further question and fullest challenge to the 'lesser' developing countries of the South is how they view and how they are going to engage with 'their' major powers, and how they are henceforth going to organise themselves and act to protect and promote their interests and needs in relation to the major powers of the North, on the one hand, and in different ways to the emerging powers of the South. »[109]

## 3. *Les moyens mis en œuvre*

Le 13 juin, à Genève, s'est tenue une rencontre réunissant les délégations africaines des pays coauteurs de l'initiative sectorielle, le conseiller OMC de la Mission du Sénégal à Genève, plusieurs organismes tels que : ACICI, ICTSD, IDEAS Centre, ENDA Tiers Monde, OXFAM International et Solidarité. Le compte rendu de cette réunion fait une présentation très utile de la

109 Dot Keet, Op. Cit., p. 33

stratégie de défense de la question du coton et met en évidence le rôle des États. L'initiative sectorielle est considérée par les participants, outre son importance directe liée à la défense du secteur cotonnier, comme un processus d'apprentissage ; les enseignements ainsi que le renforcement des capacités résultant de la soumission de l'initiative sectorielle seront des acquis à capitaliser pour les futures actions de la région ouest et centre africaine à l'OMC.

La stratégie de défense s'organise selon quatre axes :

▪ Quatre chefs de délégations à l'OMC, représentant les pays du C4 (Bénin, Burkina, Mali et Tchad), constituent la « **Task Force** », le front de négociateurs qui doivent être présents à toutes les réunions importantes à Genève. Ces chefs de délégations doivent disposer de compétences et d'attributions leur permettant de prendre des décisions rapides et de saisir les opportunités. Ces représentants bénéficient de l'appui du Centre IDEAS, mandaté par le gouvernement suisse pour le soutien des pays coauteurs dans la soumission de l'initiative et les négociations. D'autres structures telles que l'ACICI, ICTSD, Oxfam International, Enda Tiers Monde sont aussi impliquées dans le soutien de cette initiative.

La défense d'un tel dossier passe par **l'élaboration d'un argumentaire technique**, partie à laquelle les organismes de soutien contribuent en impliquant leurs divers experts. Elle est l'occasion d'un véritable marathon de rencontres (cf annexes : l'échéancier coton), consultations et discussions bilatérales avec les groupes influents sur cette question à l'OMC. Les réunions formelles et informelles – qui sont souvent le lieu où les décisions se forment – de l'OMC, doivent être investies par les représentants des délégations du C4 afin de « maintenir l'intérêt des pays qui soutiennent la soumission et les inciter à faire des déclarations »[110]. Une multiplication des relations étroites avec les ambassades présentes à Genève est pleinement intégrée à la stratégie de défense. Une véritable implication dans la rédaction de la Déclaration ministérielle de Cancùn est l'une des activités de lobbying essentielle à l'inscription du coton dans l'agenda de l'OMC. Une autre partie du travail d'influence des défenseurs de l'initiative passe par la sensibilisation de l'opinion publique au « nord » et au « Sud » par les médias au travers d'interviews exclusives, d'évènements médiatiques, de campagnes…

Le peu de moyens disponibles pour la défense de l'initiative sectorielle est un élément récurrent dans les analyses que nous avons pu consulter. Lors de la réunion qui s'est déroulée en juin 2003 à Genève, les participants ont établi que la « Task force » avait un certain nombre de besoins très concrets : d'un collaborateur supplémentaire par mission, d'un consultant indépendant, expert en négociations commerciales et de moyens financiers pour subvenir aux frais de fonctionnement (communication, dépenses de représentation, voyages des délégations…). Afin d'y répondre, des requêtes sont formulées à l'adresse des donateurs intéressés afin de financer du personnel diplomatique supplémentaire, un consultant régional, Secrétaire de la « Task Force », les frais divers liés à la défense de l'initiative.

- Un deuxième axe concerne le « système d'informations & communications entre Genève et les capitales ». Dans les capitales des quatre pays engagés, la mise en place d'un **Comité interministériel sur le Coton** est décidée, avec à sa tête un(e) coordinateur(trice) en relation avec les négociateurs à Genève, son Président respectif ainsi que les autres Comités interministériels sur le Coton des autres pays coauteurs. Les présidents, par leur

110 *Réunion pour la Défense de la soumission à l'OMC sur le coton par les quatre pays initiateurs (Bénin, Burkina Faso, Mali et Tchad) : Proposition technique de plan d'actions et de soutien*, Genève, le 13 juin 2003, http://www.ictsd.org/africodev/analyse/coton/defensesoumissioncoton.pdf, p. 3

participation à ces Comités, les chargent de tout le poids et la solennité de leur présence, et témoignent ainsi de l'importance indéniable accordée au dossier coton. Ce Comité est l'interlocuteur privilégié pour toutes les questions relatives au coton, pouvant venir des ONG et des organisations de producteurs. Il est une interface, une courroie de transmission, établissant le lien entre les structures nationales étatiques et associatives, et les négociateurs. Il doit permettre une réactivité accrue entre les instances décisionnelles des pays et leurs représentants à Genève, grâce à une « communication directe entre les principaux responsables coton »[111].

▪ **La mobilisation de l'opinion** est le troisième axe abordé. Oxfam International et Enda Tiers Monde dont une des compétences est la sensibilisation de l'opinion publique se voient confier la mission de mobiliser leurs réseaux de partenaires, diffuser l'information, faire signer les pétitions, faire diffuser l'information dans les médias et « illustrer Cancún avec le cas du coton », deux « personnes ressources » à Genève et en Afrique de l'Ouest se chargeant de la coordination de ces opérations de diffusion, de vulgarisation de l'information vers des groupes cibles. Un budget devait être alloué pour la communication, comprenant les frais liés à la couverture de la conférence de Cancùn par quatre journalistes de la sous-région.

▪ **L'appropriation de l'initiative par les acteurs non gouvernementaux et par les cotonculteurs** est le dernier point important mis en exergue lors de la rencontre de Genève. Un système de communication spécifique permet de relayer l'information aux communautés de producteurs. Des mécanismes de concertation – sous la forme d'ateliers - entre acteurs gouvernementaux et non gouvernementaux sont mis en place,

111 *Réunion pour la Défense de la soumission à l'OMC sur le coton par les quatre pays initiateurs (Bénin, Burkina Faso, Mali et Tchad) : Proposition technique de plan d'actions et de soutien*, Genève, le 13 juin 2003,
http://www.ictsd.org/africodev/analyse/coton/defensesoumissioncoton.pdf, p. 5

notamment pour définir le mécanisme de compensation à mettre en œuvre en attendant l'élimination totale des subventions. Enfin, les acteurs présents décident d'élaborer des solutions permettant aux représentants des associations de producteurs de participer aux rencontres importantes. Un appel est lancé aux donateurs pour apporter les fonds nécessaires à tout cela.

# C. Les subventions, une belle pomme de discorde

## *1. Nature et volume des subventions*

« 3. L'impact de ces réformes sur le développement des pays de l'AOC a jusqu'ici été pratiquement anéanti par le maintien, dans certains pays membres de l'OMC, de mesures de soutien ayant un effet de distorsion sur les prix du marché mondial, ceci en contradiction avec les objectifs fondamentaux de l'OMC. Les pays de l'AOC considèrent qu'il est impératif que les pays qui continuent à fausser le jeu de la concurrence par leurs subventions fassent les ajustements requis de leur côté.

4. Des études ont mis en évidence l'impact qu'aurait la suppression des subventions internes, ainsi que des subventions à l'exportation, sur les cours du coton sur le marché mondial. Dans l'hypothèse d'une telle suppression, la production de coton des pays de l'AOC serait largement rentable et susceptible d'avoir un effet de levier important sur la réduction de la pauvreté dans les pays concernés. »[112]

À première vue, l'argumentation plutôt claire bien qu'imprécise de *l'Initiative sectorielle* soulève quelques questions relatives aux études et aux résultats mentionnés, aux modèles utilisés mais ne laisse peut-être pas soupçonner la polémique qu'elle a soulevée, le déferlement d'expertises et contre-expertises rédigées par des armées de spécialistes et défendues avec une conviction sans faille par d'innombrables négociateurs et diplomates. Les subventions, leur nature, leurs volumes, leurs impacts et le niveau de leur limitation ou suppression ont été une belle pomme de discorde.

Nous allons commencer par une présentation des outils de subvention des États-Unis et de l'Europe, qui représentent environ

112 *Réduction de la pauvreté : initiative sectorielle en faveur du coton, Proposition conjointe du Bénin, du Burkina Faso, du Mali et du Tchad*, 16 mai 2003, TN/AG/GEN/4

75 % des subventions incriminées par cette initiative. Nous dirons aussi quelques mots sur les subventions chinoises.

## ▪ Les subventions américaines :

Sur la période 2002-2007, les aides en vigueur aux États-Unis sont régies par le Farm Security and Rural Investment Act (FSRI) qui concerne les productions suivantes : l'arachide, l'avoine, le blé, le coton, le maïs, le riz, le soja, le sorgho et les autres oléagineux. Le FSRI définit plusieurs types d'aides :

- **Les aides directes** : elles sont découplées, appartiennent à la boite verte de l'OMC et sont attribuées en fonction d'un historique des rendements, des surfaces plantées et de la production de coton sur une période de référence.

$$AD = 0,0667 \times 0,85 \times S(ref) \times R(ref)$$

| AD | 0,0667 | 0,85 | S(ref) | R(ref) |
|---|---|---|---|---|
| ↓ | ↓ | ↓ | ↓ | ↓ |
| AIDE DIRECTE | Taux : dollar/livre | % de la S(rend) auquel le taux s'applique | Surface de référence | Rendement de référence |

Les producteurs peuvent recevoir un montant maximum de 40 000 USD par campagne.

113 Source : Catherine Araujo Bonjean (CNRS, CERDI), Stéphane Calipel (CERDI), Fousseini Traoré (CERDI), *Impact des aides américaines et européennes sur le marché international du coton*, Mars 2006

Le découplage de cette aide est relativisé car lors de l'application du FSRI, les producteurs qui avaient anticipé un changement dans la base de calcul, ont été encouragés à accroître leurs surfaces cotonnières dès 1996 afin de bénéficier de la réactualisation des surfaces de référence qui se basent sur une moyenne des surfaces cultivées en coton entre 1998 et 2001. Le fait que ce programme couvre un large groupe de cultures, limite ses effets de distorsion, selon l'étude de Catherine Araujo Bonjean, Stéphane Calipel et Fousseini Traoré. Ces aides directes encouragent malgré tout la culture du coton.

- **Les aides contra cycliques (ACC)** : elles remplacent les emergency market loss payments en vigueur de 1998 à 2001 et appartiennent à la boîte orange de l'OMC. Elles sont étroitement liées aux prix. Dans des situations de baisses conjoncturelles des prix, elles sont un soutien du prix au producteur. Ces aides sont débloquées si le prix d'objectif est inférieur au prix effectif. Elles sont établies comme suit :

**TACC = prix objectif (dollar/livre) – prix effectif**

TACC = 0,7240 - [ 0,0667 + max ( 0,52, AMP)]

| TACC ↓ | 0,7240 ↓ | max ( 0,52, AMP) ↓ |
|---|---|---|
| Taux d'aide contra cyclique | Taux d'aide directe | Moyenne du prix du marché national ou loan rate : 0,52 si celui-ci est plus élevé que la moyenne du prix du marché national |

ACC = TACC x 0,85 x S(ref) x R(ref)

Les producteurs peuvent recevoir un montant maximum de 65 000 USD par exploitation et par campagne.

- Les programmes de prêts à la commercialisation : ils appartiennent à la boîte orange, le plafond pour ces aides est de 75 000 USD par producteur et par campagne.
    - Les Marketing Assistance Loans permettent aux producteurs qui égrènent, classent et stockent leur production de coton dans les entrepôts agréés par le Commodity Credit Corporation, de bénéficier d'un prêt d'un taux de 52 cents/livre, d'une durée maximale de 9 mois. Le taux de remboursement est soit de 52 cents/livre soit égal au prix mondial ajusté[114] si ce dernier est inférieur à 52 cents/livre. Le producteur se voit garanti un prix d'achat défini d'avance, pour la quantité de coton stockée. Catherine Araujo Bonjean, Stéphane Calipel et Fousseini Traoré rapportent que les producteurs remboursent en général leurs prêts en début de campagne lorsque les cours sont encore bas et vendent leur récolte en fin de campagne dans un marché haussier.

Si le Prix mondial ajusté est inférieur au Loan rate :

| Loan rate (pris en charge par l'État) – Prix mondial ajusté = Subvention aux producteurs |
|---|

Si le prix mondial ajusté est supérieur au Loan rate :

| Prix mondial ajusté - Loan rate = Gain pour le producteur |
|---|

114 Ce prix mondial ajusté correspond au « prix du coton CAF Europe du Nord, ajusté pour tenir compte de la qualité du coton américain et de sa localisation. », Catherine Araujo Bonjean, Stéphane Calipel, Fousseini Traoré

- o Les Loan Deficiency Payments : permettent aux producteurs qui n'ont pas profité des Marketing Assistance Loans de recevoir une compensation lorsque le prix mondial ajusté est inférieur aux Loan rate, sans pour cela avoir besoin d'égrener et d'entreposer leur coton dans les entrepôts agréés.

- **Step 2** : ce mécanisme de déconnexion du prix payé au producteur et de celui payé par les consommateurs est une forme de subvention à la production à l'adresse des producteurs de *produits* à base de coton, et des exportateurs de coton. Tout en permettant aux producteurs de coton « d'obtenir un prix plus élevé que celui imposé par la concurrence internationale »[115], il fait bénéficier les consommateurs américains (de produit à base de coton) de prix identiques ou très peu augmentés. Ce mécanisme a un seuil de déclenchement spécifique : lorsque les prix du coton américain sont supérieurs à ceux du coton européen de 25cents/livres sur une période de quatre semaines consécutives et que « le prix mondial ajusté est inférieur à 134 % du Loan rate ».

| | | | | |
|---|---|---|---|---|
| Taux d'aide | = | Prix US CAF Europe du Nord | - | (Prix Europe du Nord – 1,25 cents/livre) |

Les prix utilisés sont ceux de la dernière semaine d'une période de quatre semaines.

- **Les primes d'assurance** : Un programme très intéressant et subventionné par l'État qui prend en charge une partie importante des primes d'assurance et rembourse en cas de sinistre une partie des pertes non couvertes par les polices, couvre les producteurs de coton contre les pertes dues aux aléas naturels et

115 Catherine Araujo Bonjean (CNRS, CERDI), Stéphane Calipel (CERDI), Fousseini Traoré (CERDI), op cit., p. 31

climatiques. Selon une étude relative à l'*Impact des aides américaines et européennes sur le marché international du coton*, le taux moyen des subventions sur l'assurance en 2002 est d'environ 47 USD par hectare de coton.

- **Le programme de promotion des exportations** regroupe une batterie de mécanismes et de mesures permettant de soutenir et d'encourager les exportations américaines de coton, ce qui à son tour encourage cette production très rentable.
    - Les crédits garantis à l'exportation offrent des garanties de l'État américain sur les crédits alloués à des banques étrangères par des banques américaines. Ce mécanisme a un effet double : il encourage les importateurs pour lesquels les emprunts en dollars, en vue d'acheter la production américaine sont facilités, et il rassure les exportateurs américains qui peuvent vendre assurés qu'ils seront payés. Selon le National Cotton Council, cette mesure aurait conduit à une augmentation de la production américaine en 2003 de 500 000 bales.
    - Les programmes d'accès au marché, de développement des marchés extérieurs, d'assistance technique aux marchés émergents, financent une partie des coûts de promotion des exportations de coton et fournit un cadre d'accompagnement pour les exportateurs.

Les aides américaines sont contracyclique ce qui explique en partie leurs variations volumiques, elles oscillent entre 1 et 4,5 milliards USD. En partie seulement car en 2004-2005, malgré une stabilisation des cours mondiaux, elles atteignent 4,5 milliards USD. L'imbrication de ces aides crée une situation dans laquelle les producteurs américains semblent subventionnés quelles que soient les variations du cours du coton : « Ironically, US cotton producers are subsidized in all three conceivable scenarios: when prices remain constant through, the production flexibility contracts; when prices fall, through the loan rate and counter-cyclical payments; and when prices increase, through the Step-2 mechanism. »[116]

**▪ Les subventions européennes :**

La production de coton n'est entrée dans les préoccupations européennes qu'avec l'entrée de la Grèce en 1981 et des pays ibériques en 1986. L'Europe ne produit que 2,5 % de la production mondiale de coton, mais elle détient le record des subventions par kilogramme de coton. Elle vise à déconnecter le prix payé aux producteurs, qui doit assurer à ces derniers un certain revenu, et le prix d'achat du coton par les industries qui souhaitent acquérir cette matière première aux prix du marché. Cette aide, décrite dans le Journal officiel des Communautés européennes du 1er juin 2001, est étroitement liée aux évolutions des cours. Elle dépend de « l'écart entre le prix mondial et le prix d'objectif » selon des quotas par pays : 782 000 t pour la Grèce, 249 000 t pour l'Espagne et 1500 t pour le Portugal et les autres États. Un abaissement du prix d'objectif permet de stabiliser les surproductions éventuelles. Les subventions sont versées aux égreneurs qui s'engagent d'une part à payer aux producteurs un prix supérieur à un prix minimum défini d'avance, et d'autre part à payer une avance sur ce prix minimum.

Un certain nombre d'aides dont les aides aux groupements de producteurs et celles aux petits producteurs ont été supprimées au milieu des années 1990.

116 John Baffes, *Cotton Market Setting, Trade Policies and Issues*, World Bank Policy Research Working Paper 3218, février 2004, p. 33

Le coton est affecté par les réformes d'ensemble de la Politique Agricole Commune, qui visent à supprimer les mesures de soutien des prix pour des mesures de soutien du revenu des agriculteurs. En 2003, a été introduit un système de paiement unique par exploitation qui constitue une aide découplée, appartenant aux boîtes verte et bleue de l'OMC dont la particularité de causer moins de distorsion est clamée haut et fort. Une aide est dite couplée lorsqu'elle affecte directement les ressources allouées à la production en augmentant le bénéfice par unité produite. Les aides sont dites découplées lorsqu'elles ne sont pas directement liées à la production. Dans des marchés où la contrainte de crédit est réelle, les sommes allouées aux agriculteurs permettent d'encourager la production. Certains producteurs, anticipant le fait que les surfaces actuelles serviront de référence dans le cadre de réformes à venir, tendent à élargir leurs surfaces.

Est-ce l'absence de résultats fiables sur l'impact de ces aides qui permet une extrapolation consistant à affirmer qu'elles ne produisent pas de distorsion ?

Les subventions pour le coton bénéficient d'une enveloppe de 786 millions d'Euros. Elles sont utilisées à 65 % sous la forme d'un paiement unique ou aide directe au revenu en fonction des superficies cultivées entre 2001 et 2003 et à 35 % sous la forme d'une aide à l'hectare selon une surface de base fixée par pays.

### ■ Les subventions chinoises :

La nature et le volume des subventions chinoises sont un véritable casse-tête pour les observateurs. Les experts ne s'accordent pas sur leurs estimations du degré de soutien chinois. Les sources officielles chinoises déclarent un niveau négatif de subvention – les prix sur le marché national sont inférieurs aux prix internationaux de référence pour la période 1996-1998 mais le fait que la Chine ne soit pas réputée pour la qualité et la fiabilité des statistiques qu'elle transmet, laisse planer quelques doutes sur ces déclarations. Comme le rapportent Daneswar Poonyth, Alexander Sarris, Ramesh Sharma et Shangnan Shui dans leur étude *Commodities and Trade Division, the impact of domestic and trade policies on the world cotton market,* en 2004, la Chine pouvait accorder jusqu'à 700 millions de dollars de subvention à ses producteurs sans enfreindre ses engagements à l'OMC. Selon John Baffes, les mesures chinoises de soutien au secteur cotonnier sont de plusieurs natures : soutien des prix intérieurs, barrières tarifaires aux importations de coton, subventions aux exportations et actionnariat public des grandes entreprises de la filière.

## 2. Une cacophonie de modèles : de fortes divergences sur les effets de distorsion des subventions

Les modèles sont des outils nécessaires à l'évaluation, l'élaboration de scénarios, l'exercice d'une certaine forme de prospective inhérente à toute activité de définition d'une politique commerciale ou agricole. « La prospective n'a pas pour objet de prédire l'avenir. Sa fonction principale est de réduire les incertitudes en faisant émerger des futurs possibles. »[117]

Les types nombreux de modèles permettent de saisir certains aspects d'un phénomène et de réaliser des simulations de certains effets. La multiplication des modèles et leur intégration constante dans les argumentaires utilisés dans les négociations internationales telles que ces modèles, semblent se substituer aux argumentaires pour devenir le nouveau « langage » des négociations internationales. Les négociateurs se parlent par modèles interposés, tentent de faire pencher la balance grâce au poids, à la robustesse de leurs simulations… Les débats sur les

117 Philippe Hugon in Dominique Bangoura (Observatoire Politique et Stratégique de l'Afrique, Paris, Conakry), Sara Minard, Christophe Perret (CSAO), *Recensement des études rétrospectives et prospectives de l'Afrique de l'Ouest*, CSAO, OCDE, mai 2005, p. 9

effets des subventions sur le marché international du coton et les producteurs africains sont aussi marqués par la modélisation. Le tableau suivant donne un aperçu rapide des modèles importants et des résultats auxquels ils parviennent.

Tableau de Synthèse des modèles importants utilisés pour l'évaluation de l'impact des subventions :

Source : réalisé par l'auteur à partir des données compilées dans la synthèse réalisée par Catherine Araujo Bonjean (CNRS, CERDI), Stéphane Calipel (CERDI) et Fousseini Traoré (CERDI), Impact des aides américaines et européennes sur le marché international du coton, Mars 2006

| Types de Modèles | Montant des aides (millions USD), prix de référence (prix mondial du coton Indice A) et Période de référence | Résultats : Variations des quantités produites, variations du prix mondial de référence | Particularités |
|---|---|---|---|
| **FAPRI[118] (2002)** : Modèle dynamique d'équilibre partiel multi produits<br>Objectifs :<br>- Conçu originellement pour étudier l'impact de la politique agricole américaine sur l'offre américaine en travaillant sur l'impact sur la production et la demande d'une libéralisation simultanée de plusieurs marchés | Aides :<br>US : 3700<br>UE : non précisé<br>Turquie : 59<br>Égypte : 23<br>Brésil : 3,96 cents/livre<br>Mexique : 14<br><br>Prix de référence cents/lb[119]<br>51<br><br>Campagnes :<br>2002-2011 | Deux scénarios :<br>- élimination de toutes les distorsions au niveau de la production et du commerce de 11 produits. Cela produit une augmentation de 11,4 % du prix mondial de coton<br>- élimination seulement des distorsions aux échanges, augmentation du prix mondial de 2,93 %[120] | Prise en compte d'évènements importants : entrée de la Chine dans l'OMC en 2001, réforme de la PAC mais ne tient pas compte de la loi Farm Bill de 2002. Les surfaces plantées et les rendements dépendent d'une base régionale |

118 FAPRI : Food and Agricultural Policy Research Institute de l' Iowa State University et du University of Missouri-Columbia

119 1 lb (16 oz) = 454,59 g

120 4 % des importations mondiales sont sujettes à des barrières tarifaires.

| | | | |
|---|---|---|---|
| - Utilisé pour évaluer l'impact de la libéralisation commerciale mondiale effectuée dans le cadre de l'Accord agricole de l'OMC | | - Variations des quantités produites : US : -6,7 % ; Chine +1,5 %, UE : -70,5 % | |
| **REEVES (2002):** <u>Modèle d'équilibre général, multi secteurs et multi régions</u>, l'un des rares modèles du genre<br><u>Objectif</u> : Évaluer l'impact sur le marché australien du coton de la suppression multilatérale des mesures de soutien à la production et des restrictions tarifaires et quantitatives sur les importations de textiles et de vêtements | <u>Aides :</u><br>US : 935<br>Chine : 2683<br>Grèce : 633<br>Turquie : 204<br>Espagne : 206<br>Égypte : 66<br>Brésil : 57<br>Mexique : 15<br><br><u>Prix de référence cents/lb</u><br>59<br><br><u>Campagne</u> :<br>1998-1999 | - Quantités : US : -16 % ; Chine -20 %<br><br>Augmentation du prix mondial de 2,3 %<br><br>La forte baisse des productions américaine et chinoise ne s'accompagne pas d'une forte hausse des prix. La demande mondiale n'augmente pas mais se déplace des pays industrialisés vers la Chine.<br><br>L'impact sur le marché international des subventions à la production est très supérieur à celui des barrières | |

| | | | |
|---|---|---|---|
| | | tarifaires et quantitatives | |
| **GOREUX(2003)** : Modélisation ad hoc du marché international par une approche séquentielle :<br>1.Calcul du niveau de production des pays qui subventionnent en l'absence de subventions<br>2.Calcul d'un prix mondial d'équilibre sans subventions<br>3.Calcul du niveau de production des pays africains avec le prix mondial d'équilibre trouvé<br>***Étude commandée par les ministres de l'agriculture des pays d'Afrique de l'Ouest et du Centre, utilisée régulièrement par le C4 comme fondement technique de leur argumentation***<br>Objectif : évaluation du préjudice causé aux pays africains | Aides :<br>US : 2845<br>Chine : 1939<br>Grèce : 573<br>Espagne : 83<br><br>Prix de référence cents/lb<br>53<br><br>Campagnes :<br>1997-2002 | Augmentation du prix mondial de 12 %<br><br>Cette variation élevée peut être en partie expliquée par le choix d'une faible élasticité de la demande : -0,1 | Non prise en compte de l'impact des modifications de l'offre dans les pays qui ne subventionnent pas et hypothèse d'un marché mondial unifié<br><br>Hypothèse qui suppose un niveau de stock invariable, ce qui ne correspond pas à la réalité du marché du coton<br><br>Le choix des coefficients d'élasticité des prix est basé sur des estimations de l'ICAC/FAO[121] : 0,47 pour l'élasticité des États-Unis et – 0,06 pour le reste du monde. Cette hypothèse d'uniformité des élasticités mondiales est mise en doute par Ben Shepherd |

121 Élasticité : 0,47 pour l'élasticité des États-Unis et – 0,06 pour le reste du monde. Selon Ben Shepherd, Louis Goreux a réalisé plusieurs tests de sensibilité utilisant différentes combinaisons de coefficients de sensibilité. Ce qui a produit une grande variété de résultats : le prix mondial évoluait dans une fourchette de 2,9 à 13,4 % et les pertes des pays africains allaient de 37 à 254 millions USD. Louis Goreux a considéré comme valables les résultats de la tranche supérieure.

| | | | |
|---|---|---|---|
| exportateurs de coton par les subventions américaines, européennes et chinoises | | | |
| **SUMMER (2003):** Modèle dérivé du FAPRI, ***utilisé par le Brésil dans son différend avec les États-Unis*** Objectif : étude des conséquences de la suppression de 6 aides principales américaines | Prise en compte du Marketing Loan, des aides directes, des aides contra cycliques, de l'assurance récolte, des aides Step 2 et des Crédits à l'exportation, les montants ne sont pas spécifiés<br><br>Prix de référence cents/lb 51<br><br>Campagnes : 1999-2002 | Baisse des quantités produites par les États-Unis de 28,7 %<br><br>Augmentation du prix mondial de 12,6 % (ce résultat n'a pas été validé par le panel d'experts qui a étudié la plainte du Brésil à l'OMC)<br><br>Ce fort impact peut être dû à la non-prise en compte des produits concurrents du coton<br><br>L'aide américaine ayant le plus grand impact est le marketing loan | Hypothèses :<br>- conditions climatiques normales<br>- évolution normale des variables macroéconomiques<br>- prise en compte du Farm Bill de 2002<br>- production américaine éclatée en régions<br>- prix de vente du coton supposé égal à celui de la campagne précédente |
| **TOKARICK (2003)** : Modèle d'équilibre partiel à un seul marché 4 formes de soutiens internes sont considérées : les tarifs, les subventions à l'exportation, à la production et sur les intrants Objectif : évaluer | Aides : pour le coton seules les aides américaines sont considérées US : 1270<br><br>Prix de référence cents/lb : 57<br><br>Campagne : 2000 | Augmentation du prix mondial de 2,8 % | |

| | | | |
|---|---|---|---|
| les effets de la suppression des mesures de soutien internes de 10 produits du secteur primaire, dont le coton, sur le bien-être dans l'ensemble OCDE | | | |
| **ODI (2004) :** Modélisation ad hoc, même démarche que GOREUX Objectif : simulation de l'impact d'une élimination totale et simultanée des subventions américaines, européennes et chinoises sur le prix mondial | Aides : US : 3313 Chine : 2272 Grèce : 623 Espagne : 80<br><br>Campagne : 2001 | Augmentation du prix mondial de 22 à 28 %<br><br>La forte augmentation du prix mondial est à mettre en relation avec l'hypothèse de fragmentation du marché mondial et la faible élasticité de l'offre par rapport au prix | Hypothèse d'un marché mondial fragmenté dans lequel les pays ne commercent qu'avec leurs partenaires historiques, et qui permet d'intégrer le fait que le coton n'est pas un produit homogène. Mais cette hypothèse de fixité de la structure des échanges est peu réaliste |
| **PAN et AL.[122] (2004)** : Modèle d'équilibre partiel du marché mondial des fibres, proche de celui de SUMMER Objectif : évaluer l'impact des aides américaines sur le marché mondial du coton | Pas d'indication sur le montant de subvention retenu<br><br>Prix de référence cents/lb 52<br><br>Campagnes : 1999-2003 | Augmentation du prix mondial de 2,43 %<br><br>Cette faible augmentation peut être expliquée par la prise en compte des produits concurrents du coton<br><br>Diminution de la production américaine de 5,67 % | Prise en compte des effets de substitution entre la laine, le coton et le polyester. Non prise en compte des subventions aux primes d'assurance ni des aides distribuées au travers des crédits à l'exportation. Désagrégation régionale des |

122 Étude réalisée dans le cadre du Centre de Recherche sur l'économie du coton de l'université de Texas 27

| | | | |
|---|---|---|---|
| | | | productions américaines, chinoises et indiennes. |
| **POONYTH et AL. (2004) :** Utilisation du sous-modèle coton du modèle d'équilibre statique multi produits ATPSM de la FAO et de la CNUCED. Objectif : le modèle général simule l'impact des politiques commerciales dans le cadre de l'Accord agricole de l'OMC, le sous-modèle coton est utilisé pour calculer l'impact des subventions | Aides : US : 1570 Chine : 0 Colombie : 2 Égypte : 0 EU : 908 Mexique : 0 Turquie : 0 Prix de référence cents/lb 61 Campagnes : 1997-1999 | Augmentation du prix mondial de 3,1 % les valeurs élevées d'élasticité de ce modèle peuvent être en partie responsables de cette faible augmentation du prix mondial Variations des quantités produites : US : -14,2 % ; Chine +2,8 %, UE : -31,7 % | Hypothèses : - parfaite homogénéité des produits et parfaite substitution des productions locales par des produits importés quelle que soit l'origine - fixité du rapport exportation/production - transmission totale des fluctuations de prix aux producteurs |

La fiabilité des données récoltées n'est pas reconnue par tous les acteurs, les estimations actualisées de l'ICAC ne sont pas validées par la Chine et sont supérieures à celles compilées de manière officielle, mais avec un certain retard, par l'OMC. Ainsi, selon les sources de données retenues, les résultats divergent de manière importante.

De nombreux éléments expliquent la forte sensibilité des résultats de ces modèles :

- les périodes et les prix mondiaux de référence considérés
- la nature complexe des aides, notamment leur caractère découplé, n'est pas intégré de la même manière selon les simulations, cela conduit à des variations considérables des montants des aides considérées dans les différents modèles

- les choix de coefficients d'élasticité de l'offre et de la demande de coton qui, lorsqu'ils reposent sur des estimations économétriques, présentent des écarts-types trop élevés et des observations trop peu nombreuses pour être considérés comme fiables et lorsqu'ils sont estimés de façon standard ne peuvent intégrer les réponses des producteurs face aux variations considérables de prix inévitablement causées par une élimination des subventions[123]
- le degré d'intégration de la concurrence entre le coton et d'autres produits, la substitution possible entre le coton et d'autres productions agricoles, la concurrence de la laine et du polyester
- la modélisation du coton comme un produit pour lequel la production importée peut se substituer parfaitement ou pas à la production locale
- le degré d'intégration de la transmission des variations du prix mondial aux producteurs

La durée des effets d'une suppression des subventions ou des aides et la vitesse d'adaptation des divers acteurs (Brésil, Australie), capables d'accroître leur production créant à nouveau une surproduction, responsable d'une nouvelle chute des prix, sont des sujets supplémentaires de débat entre les experts.

En définitive, il n'est pas surprenant que les modèles produisent des résultats divergents ; les prémisses, les paramètres considérés dans les marchés nationaux, les sources des données récoltées, les niveaux de subvention considérés... sont voués à produire des résultats différents. Les modèles sont des outils qui suivent des règles très strictes, mais il n'en demeure pas moins des approximations d'aspects d'une situation réelle, des traductions

123 Catherine Araujo Bonjean, Stéphane Calipel et Fousseini Traoré illustrent les effets des choix d'élasticité en rappelant que dans le modèle de Louis Goreux qui choisit une élasticité prix de l'offre de coton de 0,90 pour l'Afrique de l'Ouest et du Centre, les pertes de cette région sont de 254 millions de dollars, David Summer qui choisit une élasticité de 0,3 estime les pertes à 116 millions.

mathématiques de ces situations. Ils sont des moyens d'appréhension de situations, d'évènements, utiles pour expliciter, illustrer des positions, des points de départ pour des débats mais en aucun cas des vérités mathématiquement révélées. Ils sont et doivent être sujets à des interprétations qui prennent en compte les limites de ces outils.

L'utilisation des résultats de certains modèles, qui sont des « quantifications » de théories et non des données empiriques est problématique. « When Goreux's (2004b) results are cited in the public debate as some sort of empirical evidence that rich country subsidies lead to lower world prices, a "bootstraps" argument is involved: that is, the model's numbers are used as proof of the existence of a causal link which the model itself assumes as a matter of *a priori* theory. Such misappropriation of those results is unfortunately as widespread as it is misleading. »[124] Cette critique de Ben Shepherd vise tous les modèles (ex : modèle de l'ICAC) dont les relations causales théoriques sont transformées en résultats empiriques utilisés par les divers négociateurs. Outils prêts à l'emploi, sans interprétation, sans distance, sortis de leur contexte, sont utilisés par des acteurs qui confondent ou souhaitent faire confondre la réalité avec sa photo numérique retravaillée à souhait. Lorsque les négociateurs américains annoncent un très faible impact d'une suppression des subventions sur les cours du coton, avec modèles à l'appui, ils nous paraissent aussi suspects que les négociateurs africains clamant l'inverse.

### 3. Une distorsion qui peut en cacher d'autres[125] : la suppression des subventions, une approche trop réductrice

Nous nous sommes intéressés aux études réalisées dans le cadre du CIRAD. Elles vont dans le sens d'une mise en garde

124 Ben Shepherd, *The Impact of US Subsidies on the World Cotton Market : A Reassessment*, Groupe d'économie mondiale, Sciences-po, mars 2004

125 Nous avons emprunté en le retravaillant un titre trouvé par Michel Fok.

contre une lecture trop optimiste des simulations de certains modèles. Ces positions, un peu « iconoclastes », ont été exprimées dans un environnement où les gouvernements, les médias, les grandes ONG internationales, communiquaient sur l'importance de l'impact d'une suppression des subventions sur le prix du coton. Ces positions qui, selon Michel Fok, ont des allures de « croyance », laissent certains espérer que la fin des subventions suffira à assurer le maintien des filières cotonnières Ouest et Centre africaines. Les chercheurs n'encouragent aucunement un arrêt de la lutte contre les subventions, « d'un point de vue pragmatique, on peut dire qu'un impact, même faible, reste toujours bon à prendre »[126] !

Dans l'hypothèse d'une suppression effective des subventions et d'un impact important sur le cours du coton, l'aspect très différencié du coton et le fonctionnement des oligopoles cotonnières pourraient limiter considérablement les effets sur la situation des cotonculteurs ouest et centre africains. Une différence de prix existe selon les qualités A ou B de coton, mais parfois même au sein d'un même groupe de qualité de coton par le biais de primes accordées à certains cotons. Ce qui crée de réels écarts difficiles à prédire dans les transactions réelles de coton. Ainsi, même si les subventions étaient supprimées et que cela permettait une augmentation des prix moyens, le coton africain pourrait être affecté de manières très différentes par cette augmentation. La relation augmentation des prix mondiaux/augmentation du prix du coton africain n'est pas directe. Par conséquent, la défense du prix du coton africain doit « procéder aussi, sinon davantage, de **l'appréhension de la réalité des transactions du coton**, mettant aux prises un produit, **les perceptions de ce produit par le vendeur et l'acheteur, les négociations commerciales qui s'y rapportent et l'équilibre (ou**

126 Michel Fok (CIRAD), *Coton africain et marché mondial : une distorsion peut en cacher une autre plus importante*, Colloque Agence Universitaire de la Francophonie Filières d'exportation de produits agricoles du Sud : réformes institutionnelles, négociations internationales et impacts socio-démographiques, Bamako, avril 2005, p. 3

**plutôt le déséquilibre) de pouvoirs dans ces négociations.** »[127] Les mesures de soutien au prix de marché sont assimilées à des mesures de soutien des revenus des producteurs dans de nombreux modèles et une augmentation des prix du coton est supposée être transférée directement aux producteurs. Or cette hypothèse n'est valable que dans une situation de concurrence parfaite. Le secteur du coton, dans lequel quelques grandes sociétés de négoces dominent les échanges, présente un certain aspect oligopolistique. Dans un rapport de force entre les vendeurs de coton fibre et les négociants, les profits liés à une augmentation des prix mondiaux risquent d'être captés en majeure partie par les grands groupes internationaux de négoce, laissant la situation des producteurs peu changée. Il pourrait y avoir des enseignements utiles à tirer d'une analyse fine des pratiques des sociétés de négoce transnationales. Un travail de fond et concerté sur l'élaboration de mécanismes de redistribution plus équitables entre les négociants et les producteurs, présenterait un véritable intérêt.

Les modèles s'intéressent aux incidences d'une suppression totale des subventions. Une approche moins optimiste laisse penser que l'absence d'engagements chiffrés devrait conduire, *au mieux*, à une suppression partielle des mesures de soutien, avec des effets bien plus limités que selon les estimations. *Au mieux,* car l'habileté des pays concernés par la suppression des subventions ne manquera pas de s'illustrer dans leur capacité à transformer ou à « réaménager » subtilement les subventions en mesures de soutiens moins détectables et quantifiables. En dépit des déclarations d'intentions qui appellent les pays membres de l'OMC à faire preuve d'un certain "*fair play*", il sera difficile de résister à la tentation de « soulager la boîte orange pour abonder les deux autres boîtes »[128]. Le grand jeu de la suppression effective des subventions sera dominé par les maîtres dans l'art de manipuler des boîtes tricolores. Michel Fok propose d'établir une

127 Michel Fok (CIRAD), ibid., p. 10
128 Michel Fok (CIRAD), op. cit., p. 7

correspondance, valable pour tous les pays membres de l'OMC, entre les mesures de soutien et les boîtes dans lesquelles elles sont rangées et de négocier un plafonnement chiffré des boîtes. Il encourage aussi les pays africains et les défenseurs de l'initiative sectorielle à s'attaquer à toutes les mesures de soutien interne en les considérant comme des sources de distorsion de l'offre mondiale de coton.

L'indice Cotlook A, dans lequel le coton africain est classé, détermine les qualités de coton selon deux critères principaux servant de base à tous les contrats de vente : l'apparence et la longueur de la fibre (27,8 mm). Les contrats de vente classent les qualités de coton en 4 types de vente : « inférieur », « moyen », « référence » et « supérieur ». La position de l'Indice Cotlook varie entre le type « référence » et une position médiane entre le type « référence » et le type « moyen ». Cette ambiguïté est problématique pour les pays dont le coton est classé dans cet indice. Suite à une étude de la production cotonnière de la zone UEMOA, Michel Fok affirme que 65 % du coton produit est « supérieur ou égal au niveau d'apparence requis pour l'Indice A »[129]. En ce qui concerne la longueur, « plus de 70 % du coton correspondent à une longueur au moins égale à 1"3/32[130], et 23 % correspondent à une longueur supérieure »[131]. Le fait que la cotation du coton de l'Afrique de l'Ouest est la plus faible des cinq cotations les plus basses de l'Indice Cotlook A depuis 10 ans, met en évidence la non-rémunération de la qualité du coton Ouest africain à sa « juste » valeur. Selon l'étude du CIRAD à laquelle nous nous référons, c'est dû en partie dû au manque de rigueur qui caractérise la construction de l'Indice A qui se base sur les déclarations d'intention, exprimées par fax ou par téléphone, des acheteurs ou des vendeurs de coton. L'UEMOA est considérée comme étant en partie responsable de cette situation ; le fait qu'elle

129 Michel Fok (CIRAD), op. cit., p. 13
130 Soit 27,8 mm
131 Ibidem, p. 13

n'ait pas défendu la particularité du coton de la région et sa non-correspondance avec l'indice Cotlook A conforte le statu quo. De plus, l'absence d'une politique régionale génère une concurrence entre les pays d'Afrique de l'Ouest alors qu'une coordination des ventes, sous la forme d'une bourse régionale, comme le propose Michel Fok, pourrait donner à la région un certain poids dans les négociations. La création des cinq Standards Afrique en 2005 est une grande avancée dans ce domaine. Une autre explication du manque de reconnaissance de la qualité du coton Ouest et Centre africain est à mettre en relation avec une maîtrise insuffisante de certaines règles qui organisent les transactions cotonnières. Les Règlements Généraux du Havre qui régissent les transactions cotonnières de l'Afrique l'Ouest, définissent des critères de base qui ne comprennent pas toutes les garanties demandées - notamment celles de la ténacité et de l'indice microminaire[132] - dans les règlements de l'International Cotton Association (ICA) qui sont utilisés dans 60 % des transactions mondiales de coton. Le fait de ne pas présenter les garanties demandées dans les règlements de l'ICA ne permet pas aux pays africains de négocier de meilleurs prix pour leur coton, malgré la qualité de ce dernier.

132 Indicateur combiné de la finesse et de la maturité de la fibre.

# CONCLUSION

# QUEL BILAN POUR LE COTON OUEST ET CENTRE AFRICAIN ET POUR L'INITIATIVE SECTORIELLE ?

En 2010, selon les estimations de Gérald Estur, la consommation mondiale de coton-fibre devrait atteindre 27 millions de tonnes, le volume de fibres commercialisées serait de 9 millions de tonnes et la Chine importerait 4 millions de tonnes. La production de coton devrait être encouragée par l'apport technologique, l'exploitation de nouveaux espaces, les mesures de soutien interne et une demande constante des consommateurs. L'Afrique devrait accroître sa production par une amélioration de ses rendements. En revanche, la pression de la concurrence brésilienne et indienne ne devrait pas s'amoindrir.

À l'exception du Togo et du Bénin, le niveau de production des pays centre et ouest africains devrait se maintenir en 2005-2006. La situation est beaucoup plus difficile en Afrique centrale, cette région perd environ 13 % de sa production entre la campagne 2004-2005 et la campagne 2005-2006. L'état des lieux de la situation du coton en Afrique de l'Ouest et du Centre en 2006 est mitigé. Malgré le maintien des volumes écoulés, du moins pour l'Afrique de l'Ouest, la baisse des prix s'est poursuivie de manière progressive. Grâce aux ristournes faites aux producteurs et aux subventions pratiquées par certains pays, les baisses de revenus des producteurs ont été limitées en 2005-2006. Au Burkina Faso, les producteurs ont obtenu un prix de 210 FCFA, divisés en 175 FCFA de prix d'achat et 35 FCFA de ristourne réalisée sur les bénéfices de la campagne 2003-2004. Au Bénin, c'est une subvention qui permet aux producteurs de recevoir un prix de 200 FCFA (dont 45 FCFA de subvention). À l'exception du Sénégal et du Burkina Faso, les revenus des cotonculteurs de la région centre et ouest africaine baissent d'environ 25 %. Les cours ne se sont pas redressés suffisamment pour combler les déficits des sociétés cotonnières. Ils ont tout de même été fortement réduits depuis la saison 2004-2005. Ils sont passés de 218 milliards de FCFA en 2004 -2005 à 26 milliards de FCFA en 2005-2006. Les dossiers FARM estiment que le Burkina, le Mali et le Tchad réalisent des recettes d'exportation grâce au coton (voir annexes) au cours de cette saison. La situation déficitaire des sociétés ainsi que les pertes de revenus des producteurs maintiennent la filière coton de cette région dans un état de fragilité importante.

Le coton souffre de la concurrence des autres fibres textiles. Bien qu'il soit une ressource renouvelable, un produit naturel, plus confortable, plus doux, meilleur dans l'absorption d'humidité que d'autres fibres textiles, les fibres synthétiques lui sont supérieures en de multiples aspects : elles ne peuvent pas être contaminées par des corps étrangers, elles ne sont pas sensibles aux aléas climatiques et sont en mesure de satisfaire les besoins en uniformité et en régularité des filatures les plus exigeantes. La volatilité des cours du coton demeure un risque constant que les envolées du prix du baril n'égalent pas encore. Cette concurrence exerce une pression forte sur le marché international du coton

Et si la lumière venait de l'Est ? Le coton fait partie des matières premières que la Chine a besoin de sécuriser. Le sommet de Pékin en novembre 2006, réunissant les dirigeants chinois et africains, a été l'occasion de renforcer les relations diplomatiques. Des engagements relatifs à l'augmentation des importations chinoises de coton africain, l'ouverture d'industries textiles sur le continent africain, ont été pris par les autorités chinoises. Les modalités de ces propositions nécessitent d'être précisées pour que ces offres soient appréciées à leur juste valeur.

L'UEMOA s'est fixé l'objectif de transformer 25 % du coton produit dans la sous-région d'ici 2010. À cette fin, des facilités d'approvisionnement en matières premières doivent être aménagées pour les industries textiles et les unités d'égrenage et de fabrication d'huile de la région. Cette mesure est une réponse à la critique selon laquelle le faible niveau de transformation locale de coton accentue la vulnérabilité de la région aux fluctuations des cours mondiaux. L'Agenda pour la Compétitivité de la filière coton-textile requiert des financements qui seront certainement fournis par les bailleurs traditionnels.

La déclaration des ministres de l'UEMOA de février 2006 annonce l'ouverture des marchés de l'Union. Cela devrait prendre effet suite aux « résultats des négociations du Cycle de Doha »[133] et à la signature d'un Accord de partenariat économique entre l'Union Européenne et l'Afrique de l'Ouest. L'intégration accrue de la région dans le commerce international semble être une orientation acquise. Néanmoins, les économies du continent doivent réaliser des ajustements lourds : renforcer leurs capacités, mettre leurs entreprises « à niveau ». L'Europe, partenaire et bailleur historique est sollicitée pour « la réalisation des différents programmes communautaires d'infrastructures et d'interconnexions routières, ferroviaires, énergétiques et de télécommunications retenus dans le cadre du Programme Économique Régional[134] ». Le caractère nécessaire de ces projets est indéniable. Cependant, ces demandes de financement, semblent une autre variation sur le même thème bien connu de l'aide et de la dette. Se pourrait-il qu'il ne puisse y avoir de nouveauté sous le soleil des relations internationales ?

En ce qui concerne l'initiative sectorielle, de manière plus spécifique, les mots de Benoit Ouattara, Ministre burkinabé de la Promotion de l'Entreprise et de l'Artisanat nous semblent une bonne synthèse : « Je voudrais relever, entre autres, le fait qu'après l'adoption du paquet de juillet, les consultations et négociations intenses qui se sont poursuivies sur l'agriculture, le dossier du coton, l'accès aux marchés pour les produits non agricoles, les services et la facilitation des échanges, n'ont pas permis de prendre en compte les préoccupations de nos pays de façon significative au terme de la Sixième Conférence Ministérielle de Hong-Kong ». La réunion du Comité ministériel de suivi du dossier coton en mai a souligné le retard de mise à disposition des financements promis par le Fonds Européen de développement, dans le cadre du programme d'appui au partenariat UE-Afrique sur le coton. Depuis Hong-Kong, les négociations sur la suppression des subventions à l'exportation et l'accès au marché sont restées au point mort. Les pays africains et leurs ONG partenaires ont encore tout à réaliser

133 http://www.uemoa.int/BullInfo/Bull123.pdf
134 Idem

en terme de lobbying à Genève, de construction ou de renforcement d'alliances avec d'autres groupes et de maintien de l'attention de l'opinion. À l'issue de la Conférence Ministérielle de Hong-Kong, l'ouverture de la clause de sauvegarde spéciale aux pays en développement et la possibilité pour ces derniers d'établir la liste des produits spéciaux, sont des acquis dont l'UEMOA se félicite. Le système de préférences et l'approche protectionniste que les états africains défendent, malgré les critiques des hérauts du libéralisme, permettent aux pays qui en bénéficient d'être avantagés par rapport à d'autres exportateurs et d'avoir accès à des formes d'aides liées. Mais dans un marché international orienté vers plus de libéralisation, l'érosion de ces préférences et l'abaissement des mesures protectionnistes semblent inéluctables et « l'après » demeure une perspective incertaine.

La décision du Congrès américain de supprimer les subventions américaines à l'exportation de coton, suite au succès du recours brésilien déposé devant l'ORD, est une bonne nouvelle pour le C4. Le soutien dont l'initiative sectorielle bénéficie de la part de l'Union européenne est un paramètre important pour la suite des négociations. Ce soutien va-t-il se révéler un atout ou une contrainte poussant les pays à accepter un « consensus » insatisfaisant, équilibré par des promesses de soutien aux industries textiles, à la lutte contre la pauvreté au travers de programmes divers ? Les quelques mois à venir nous le diront certainement. En dépit de ses résultats limités, l'initiative sectorielle qui a été l'expression de cette contestation, donne de nombreux enseignements.

**Quelques enseignements donnés par cette initiative…**

L'initiative sectorielle en faveur du coton a mis les subventions et les mesures de soutien interne sur les feux de la rampe. Les subventions sont un thème complexe qui touche au cœur même des choix nationaux, qu'ils soient économiques, sociaux, politiques, culturels... Les justifications aux subventions distribuées par les pouvoirs publics sont nombreuses et spécifiques à chaque État. Certains soutiens permettront le développement d'une région sinistrée, d'autres la protection d'un secteur stratégique. Financement de l'innovation, effort de redistribution, protection de l'environnement, tabous nationaux qui mettraient en difficulté tout homme politique qui s'aventurerait à suggérer la suppression de certaines mesures de soutien - aux producteurs de coton américains organisés en un lobby puissant ou aux agriculteurs français grands bénéficiaires de la PAC, pour ne citer qu'eux -, la liste est longue.

La politique de subvention relève de la souveraineté nationale et du respect d'engagements pris par les États dans les différentes institutions internationales. L'articulation entre cette politique de soutien et la volonté de libéralisation affichée par les institutions internationales est problématique. L'équité qui est une des explications fréquemment utilisées pour justifier l'utilisation des subventions, conçue aux niveaux régional et national, se disloque dès lors qu'on la considère au niveau international. La règle du jeu paraît mouvante, - une sorte de deux poids deux mesures - selon la puissance économique et politique des acteurs concernés. Les membres de l'OMC sont effectivement souverains, mais à tel point inégaux qu'il est possible de se demander dans quelle mesure leur souveraineté est effective.

Quelle réponse doivent donner les pays en développement qui n'ont pas les moyens de soutenir leur économie et doivent négocier âprement la protection de certains secteurs ? Michel Fok répond ainsi : « D'un point de vue éthique, la contestation est tout à fait légitime pour sortir de l'hypocrisie des règles du commerce international. Dans le domaine du soutien domestique, ces règles autorisent les pays les plus puissants à faire ce qu'ils imposent aux autres de ne point faire. »[135] L'orientation générale vers plus de libéralisation dans le secteur agricole génère à son tour des mesures

135 Michel Fok (CIRAD), op. cit., p. 3

problématiques. Que penser des augmentations des subventions publiques permettant de soutenir les revenus des agriculteurs, d'une concentration des exploitations, résultat de la baisse de revenus des petites exploitations ou encore de l'augmentation de la productivité et du rendement parfois au détriment de la qualité ? L'initiative sectorielle n'a pas trouvé de solution à ce dilemme des mesures de soutien interne, mais elle a suscité des réflexions fécondes qui aboutiront peut-être à une limitation de certains dysfonctionnements dus à la disproportion du rapport de force entre des économies très éloignées.

Cette initiative a permis aux pays africains et à leurs partenaires étatiques et associatifs de faire l'expérience d'une présence active dans les négociations à l'OMC, au travers de la défense du dossier coton.

Les négociations commerciales sont l'occasion d'user de formes d'influences variées, de menaces subtiles, de promesses variant selon le pouvoir de négociation des pays visés. L'initiative sectorielle n'est pas à l'origine des nombreuses critiques contre le fonctionnement même de l'OMC, mais elle a contribué à mettre certaines situations sous des lumières très peu favorables.

Mentionnons tout d'abord l'aspect peu représentatif et fermé des cadres informels dans lesquels des négociations importantes se tiennent. Seules les nations puissantes ainsi que les pays émergents « pivots » tels que l'Inde, le Brésil et l'Afrique du Sud ne sont conviés dans ses petits groupes ou « Green Room ». Les pays en développement, n'ayant pas (ou peu) droit de cité dans ces cercles, perdent des occasions nombreuses de défendre leurs positions. L'intégration ou « cooptation » de l'Inde et du Brésil, porte-parole du « Sud » aurait pu être une opportunité pour les pays en développement de faire relayer certaines de leurs positions par leurs porte-parole. Mais le « Sud » étant multiple, on assiste plutôt à un morcellement des positions. Se pose aussi le problème de la relative opacité des réunions pour lesquelles aucun document ou compte-rendu officiel n'existe. Les négociations commerciales dans le cadre de l'OMC sont un véritable marathon de rencontres, de débats et de conférences diverses, simultanées, parfois interminables et (très) nombreuses. La taille, les compétences techniques et l'entraînement des délégations à ce sport très particulier sont des éléments décisifs. Les pays qui ne peuvent s'offrir des délégations pléthoriques sont désavantagés dans la grande « cocotte-minute »[136] qu'est cette institution.

Bien que le mode de scrutin de l'OMC : un membre, une voix – soit considéré comme très démocratique. La réalité des prises de décisions basées sur la notion de consensus pose question. En effet, lorsque des pays ou groupes de pays puissants tels que les États-Unis, l'Union européenne, parviennent à trouver un accord sur une question, les autres membres sont encouragés à faire preuve de bonne volonté pour permettre l'atteinte du consensus et rejoindre la ligne dessinée. Il semble plus difficile aux pays émergents et en développement en accord sur une question mais opposés à l'un des « Majors », de faire admettre leur ligne comme une amorce de consensus.

Les négociations commerciales internationales sont une affaire de groupes de pays. La prise en considération d'une position dépend du nombre de pays qui la soutiennent. Le niveau de cohérence de ces groupes a un impact considérable sur la défense des intérêts affichés. Cela plaide pour une amélioration de la qualité de l'intégration régionale en Afrique. Ce n'est qu'en abordant les négociations commerciales en « rangs très serrés » que les pays de l'Afrique de l'Ouest et du Centre seront visibles comme force de proposition, sur la scène des négociations commerciales internationales. « La meilleure manière d'aborder les négociations commerciales à l'OMC et de réaliser un résultat positif, est de construire des alliances et de bien harmoniser les positions. Il s'avère aujourd'hui vrai que les groupes de négociation ont plus de chance de faire entendre leur voix dans les

136 « Pressure-cooker process », Dot Keet, Key Economic and Political Challenges Arising from the WTO Ministerial Conference in Hong Kong, December 2005, Alternative Information and Development Center, Cape Town, avril 2006, p. 7

instances de négociations que si les pays partent en ordre dispersé. »[137]

La cohérence des relations entre les représentants des Associations de producteurs, des ONG internationales et des États, ainsi que les moyens humains, financiers et techniques, ont été des éléments décisifs dans l'évolution de la question du coton. Le rôle de chaque groupe d'acteurs, la coordination de leurs actions, la gestion de leurs orientations divergentes, les problématiques de pouvoir et les stratégies d'influences déployés par les opposants à l'initiative, sont autant d'enseignements apportés par l'initiative et les pratiques qu'elle a suscitées.

## Des initiatives intéressantes

Les obstacles majeurs au commerce des pays en développement ne sont pas toujours de nature tarifaire. Les normes techniques, sanitaires et phytosanitaires, les exigences en matière de traçabilité qui requièrent des moyens, des infrastructures et du personnel qualifié sont de véritables montagnes pour certains pays. Le Programme Qualité de l'UEMOA, lancé en septembre 2001 en partenariat avec de nombreux acteurs de la normalisation internationale, dont l'Organisation Internationale de Normalisation, la Coopération Internationale pour l'Accréditation des Laboratoires, l'Organisation Internationale des Consommateurs et l'Organisation des Nations Unies pour le Développement Industriel, contribue à faire face à ces difficultés dans plusieurs secteurs dont celui du coton. En juillet 2005, ce Programme a permis l'établissement de cinq standards du coton fibre africain. « La confection des standards de coton fibre est une opération fondamentale pour la promotion de la qualité de la fibre et surtout pour sa valorisation. C'est une mesure qui permet aux pays producteurs de coton d'évaluer par eux-mêmes la qualité du coton

137 Aliou Niang, *Accès aux marchés et commerce des produits agricoles pour les pays en voie de développement : L'exemple de la région Ouest-africaine, mémoire de maîtrise en droit des Entreprises*, Université Gaston Berger de Saint Louis du Sénégal, p. 83

qu'ils produisent et d'avoir voix au chapitre durant tout le processus de la vente du produit. »[138]

Les quelques productions pour lesquelles les pays ouest et centre africains ont des avantages comparatifs, courent de grands risques face à la concurrence de produits agro-exportateurs puissants. La diversification est la solution, le « leit motiv » invoqué par de nombreux observateurs dont les représentants américains. Se diversifier, soit, mais dans quel but, sachant que rien ne garantit des règles plus équitables pour les produits issus de cette diversification ni une compétence qui les rende compétitifs. Un travail de fond sur les rendements et la rentabilité des usines d'égrenage, de fabrication d'huile et de textiles est amorcé et soutenu par des agences de développement.

Si les hommes et femmes politiques décidaient que la transformation locale ou régionale est une direction cohérente, des problématiques liées à l'énergie, à l'irrigation, aux infrastructures, à la consommation régionale de ces productions et à la concurrence de produits extérieurs (dans lesquels nous incluons les denrées apportées par l'aide alimentaire, les « fripes »...), à la spécialisation de certains espaces et au désavantage d'un Franc CFA lié à un Euro fort, se poseraient et nécessiteraient l'élaboration d'un schéma global, régional et ambitieux de développement. Le secteur agricole souffre de sous-investissement malgré les engagements que les chefs d'État africains ont pris, à plusieurs occasions[139], de remédier à cette situation. Une politique de financement à long terme de ce secteur fait-elle sens ? Selon l'Initiative sectorielle en faveur du coton, l'importance de l'agriculture, dans les pays concernés, supposerait une réponse affirmative. Cela ne signifie pas qu'il ne faille pas trouver un équilibre avec d'autres secteurs plus porteurs à long terme.

138 ONUDI, UEMOA, *Lettre du Programme qualité*, « Bulletin trimestriel d'information », n° 6 juin-août 2005

139 La « Déclaration sur l'agriculture et la sécurité alimentaire en Afrique » approuvée par l'Assemblée des chefs d'État et de gouvernement de l'Union Africaine lors du sommet de Maputo en juillet 2003, stipule que 10 % au moins du budget national doit être alloué à l'Agriculture d'ici 2008-2009.

Philippe Chedanne du département Pilotage et Relations Stratégiques de l'AFD souligne un élément important : le succès d'une « approche ruraliste », est responsable d'une mise en exergue des dimensions non productives de l'agriculture[140] qui devient un flou de notions difficiles à cerner, à quantifier. Nous abondons dans son sens lorsqu'il appelle à un retour, à une définition plus traditionnelle de l'agriculture comme une « activité économique et génératrice de revenus et de richesse », sans abandonner les acquis de l'approche ruraliste mais sans en faire l'objectif unique.

Les impacts de la production de coton - avide en pesticides - sur les sols et les nappes phréatiques, posent des questions environnementales incontournables que nous avons mentionnées sans les développer. Au regard des effets néfastes de la culture du coton, est-ce cohérent de s'orienter vers une intensification ? Quels arbitrages réaliser entre préoccupations économiques, environnementales et sociales sur le court, le long et le moyen terme ? Ces interrogations de premier ordre restent ouvertes.

Un autre aspect déterminant est la coordination des politiques commerciales et agricoles dans la sous-région. Le coton transgénique est considéré par certains comme étant une solution permettant de limiter l'utilisation de pesticides et d'augmenter les rendements. Ce coton est critiqué par d'autres pour son prix, ses risques sur la biodiversité et sur l'indépendance des producteurs face aux semenciers transnationaux. Une réponse régionale et une définition d'un cadre réglementaire fort, pourraient permettre d'expérimenter puis de développer ces semences, si leur cohérence avec les choix régionaux est attestée, en protégeant les producteurs face aux pressions des semenciers.

Un État africain, seul face à une entreprise transnationale possède un pouvoir de négociation limité. Cependant, si ce pays négocie au nom d'une région entière, une certaine forme d'équilibre pourrait être trouvée. L'Afrique est diverse et

140 Philippe Chedanne cite la gestion durable des ressources naturelles, le développement local et l'aménagement du territoire.

l'hétérogénéité de cet ensemble ne manque pas, et ne manquera pas de produire ses effets. Ce continent ne comptera et n'aura droit au chapitre que lorsqu'il trouvera des lignes de convergence solides et apparaîtra uni pour défendre certains de ses intérêts. Les « fuites » de graines de coton hors du Bénin, vers d'autres pays de la sous-région qui offrent des prix supérieurs aux producteurs, créent de réels problèmes de sous-utilisation des huileries. Nous avons mentionné plus haut la contre productivité de la compétition entre les différentes productions régionales de coton. Un projet de création d'une bourse du coton est à l'étude dans le cadre du partenariat UE-ACP. Il pourrait contribuer à renforcer la coordination entre les pays. Et si le coton était le produit qui permettait à la région de mener des réformes, des projets de recherche, de financement créatif (dans le bon sens du terme), de commercialisation, selon un niveau d'intégration encore jamais atteint et lui permettait d'asseoir et de capitaliser une expérience utilisable dans d'autres domaines ? Le problème de la volatilité des prix du coton n'a pas encore trouvé de solution satisfaisante à long terme. Une réponse régionale, voire continentale, pourrait-elle mettre à disposition des volumes financiers qui rendraient opérationnels des instruments financiers coûteux ?

Les défis que ce continent doit affronter sont... difficiles (à qualifier sans avoir l'impression d'user d'euphémisme), complexes, que ce soit en terme de croissance démographique, de migration, de désertification et de stress hydrique, de lutte contre les pandémies ou de conflits. Le village planétaire, même à distance, est concerné et affecté par ces difficultés africaines.

La « petite danse indansable » ou « Donni dongoma ». Les contradictions des discours sur la recherche du bien-être planétaire et de l'efficience économique, les rythmes lents des transformations, les chocs de systèmes qui ne présentent pas le même type d'évolutions, les mêmes degrés de maturité, créent-ils une situation à tel point inextricable qu'elle paraît insoluble, semblable à cette « petite danse indansable » des

Bamananw du Mali ? *Si le danseur fait un pas en arrière, son père meurt ; s'il fait un pas en avant, sa mère décède ; s'il ne danse pas, il trépasse.* Ceux qui connaissent ce continent vous parleront aussi de ses trésors, de son ingéniosité surprenante et de sa capacité à se relever, à se reconstruire. Un proverbe Bambara dit que l'on n'est pas orphelin d'avoir perdu son père ou sa mère, mais d'avoir perdu l'espoir. Laissons les orphelins afro-pessimistes. Une histoire pleine de difficultés et de défis mais aussi de grandes perspectives est en marche.

# BIBLIOGRAPHIE

### 1. Ouvrages généraux sur l'agriculture africaine

Amprou Jacky (AFD), Bossuroy Thomas (DIAL), Djoufelkit Hélène (AFD), Latreille Thierry (AFD), Leenhardt Blaise (DIAL), Massuyeau Benoît (AFD), *Perspectives économiques et financières des pays de la zone franc Projections Jumbo 2005-2006*

Deveze Jean Claude, Damien Halley des Fontaines, *Le devenir des agricultures familiales des zones cotonnières africaines : une mutation à conduire avec tous les acteurs, À partir des cas du Bénin, du Burkina Faso, du Cameroun et du Mali,* AFD, octobre 2005

Diouf El Hadji Abdourahmane (ICTSD), Dieye Cheikh Tidiane (ENDA Tiers Monde), *Afrique de l'Ouest Note de Discussion*, juillet 2003

Toulmin Camilla, Gueye Bara (2003) : « Transformations de l'agriculture en Afrique de l'Ouest et rôle des exploitations familiales », CSAO, OCDE

### 2. Ouvrages spécialisés

#### a. Initiative sectorielle en faveur du coton

Bertheot Jacques (ENSAT), *Le C4 doit revoir son argumentation pour sauver le coton africain à l'OMC. Réflexions à partir de la communication du C4 à l'OMC du 1er mars 2006*, mars 2006

Diouf El Hadji (ICTSD), Hazard Eric (Enda Tiesr-Monde), *Initiative sectorielle, le difficile jeu des alliances en Afrique et à l'OMC*

Hazard Eric, *De Bobo à Cancùn, deux ans de campagne sur le coton : Bilan et perspectives avant Genève...*, ENDA prospectives dialogues politiques, 2004

Keet Dot, *Key Economic and Political Challenges Arising from the WTO Ministerial Conference in Hong Kong, December 2005,* Alternative Information and Development Center, Cape Town, avril 2006

Seingier Hélène, Lévy Marc, *Le coton à Cancùn, un bon exemple d'articulation entre influence des acteurs sociaux et gouvernance d'État*, Réseau IMPACT, Novembre 2004

### *b. Le coton*

Anquetil Jacques, *Les routes du coton*, Paris, Lattès, 1999

Badiane Ousmane, Ghura Dhaneshwar, Goreux Louis et Masson Paul[141], *Évolution des filières cotonnières en Afrique de l'ouest et du Centre*, juillet 2002

Fok Michel, *Ajustements nationaux de mécanismes prix face aux fluctuations du prix mondial : les leçons du coton en Afrique Zone Franc*, CIRAD France, 2006

Gergely Nicolas, *Le Coton : quels enjeux pour l'Afrique ?* Fondation pour l'Agriculture et la Ruralité dans le Monde, novembre 2005

Hazard Eric (direction de la recherche), *Le livre blanc sur le coton. Négociations internationales et réduction de la pauvreté*, Enda Tiers Monde, Dakar, Prospectives Dialogues politiques, 2005

Landes Maurice, MacDonald Stephen, Singh Santosh K., et Vollrath Thomas, *Growth Prospects for India's Cotton and Textile Industries*, United States Department of Agriculture, juin 2005

MacDonald Stephen, Vollrath Thomas, *The Forces Shaping World Cotton Consumption After the Multifiber Arrangement*, United States Department of Agriculture, avril 2005

Minot Nicholas, Daniels Lisa, *Impact of global cotton markets on rural poverty in Benin*, septembre 2002

Orsenna Erik, *Voyage aux pays du coton, petit précis de mondialisation*, Fayard, 2006

Parry Georges, *Le Cotonnier et ses produits*, Paris, G.P. Maisonneuve et Larose, 1982

Yafa Stephen, *Big Cotton*, New York, Viking, 2005

141 Les auteurs sont, respectivement, Coordonnateur Principal, Politiques Alimentaires et agricoles, Région Afrique, Banque Mondiale ; Chef de Division Adjoint, Département Afrique, Fonds Monétaire International ; Consultant, Banque Mondiale ; et Conseiller Principal, Département Afrique, Fonds Monétaire International.

### *c. Les subventions et le traitement spécial et différencié*

Araujo Bonjean Catherine (CNRS, CERDI), Calipel Stéphane (CERDI), Traoré Fousseini (CERDI), Impact des aides américaines et européennes sur le marché international du coton, Mars 2006

Bonnet Grimoux Annie, Buisson Michel, Delorme Hélène, Lipchitz Anna, *Dynamique des prix agricoles internationaux*, Synthèse des exposés et des débats du séminaire du 7 juin 2005, CERI, Coordinations Sud, CIRAD et GEMDEV

Matthews Alan, « Special and Differential Treatment in the WTO Agricultural Negociations », *in* Pierre Rainelli, *Les politiques agricoles sont-elles condamnées par la mondialisation ?*, IFRI, Academia Bruylant, p269-304

Shepherd Ben, *The Impact of US Subsidies on the World Cotton Market : A Reassessment*, Groupe d'économie mondiale, Sciences-po, mars 2004

Werth Alex, Diouf El Hadji, *L'Afrique de l'Ouest et du Centre et les Subventions sur le coton. Options possibles en vue d'une stratégie commune dans les négociations sur les « modalités »,* ICTSD, 2003

## *3. Articles de presse et revues spécialisées*

IDEAS, *Le coton et les négociations à l'OMC,* Note d'information n° 8, mai 2004

Bureau Jean-Christophe, Gozlan Estelle, Jean Sébastien, *La libéralisation des marchés agricoles. Une chance pour les pays en développement ?*, « Revue française d'économie », n° 1, vol. XX

Chedanne Philippe, *La crise des politiques agricoles en Afrique*, « La lettre des économistes de l'AFD », décembre 2005

ENDA, *Production cotonnière et conditions de vie en milieu rural en Afrique de l'Ouest*, Dakar, coll. « Études et recherches », n° 219, 2001.

Estur Gérald (CCIC), Le *marché mondial du coton : Évolution et perspectives*, « Cahiers Agricultures », vol. 15, n° 1, janvier-février 2006

Hugon Philippe, *Les filières cotonnières africaines au regard des enjeux nationaux et internationaux*, « Notes et Études Économiques », n° 23, septembre 2005, pp. 87-112

Nubukpo Kako, Manda Keita Sadio, *Prix mondiaux, prix au producteur et avenir de la filière coton au Mali*, « Cahiers Agricultures », vol. 15, n° 1, janvier-février 2006

Paquin-Boutin Marie-Pierre, *La nouvelle stratégie commerciale des puissances du Sud : le G-3, le G-20 et le cas du Brésil*, « La Chronique des Amériques », février 2005 nº 6

Pesche Denis, Nubukpo Kako, *L'Afrique du coton à Cancún : les acteurs d'une négociation*, « Politique Africaine », nº 95, octobre 2004

Sibiri Zoundi Jean, Hussein Karim, Hitimana Léonidas, *Libéralisation de la filière coton et innovation agricole en Afrique de l'Ouest*, « Cahiers Agricultures », vol. 15, n° 1, janvier-février 2006

Wilson Matthew A, *Réalité en suspens : Questions clés pour les ACP après le blocage à l'OMC*, « Éclairage sur les Négociations De Doha à Cotonou », Vol.5, n° 5, septembre-Octobre 2006

Linard André, *Le coton africain sinistré*, « Monde diplomatique », septembre 2003

Gaillard Roger, *Au Mali les producteurs de coton disent « NON »*, « Monde diplomatique », avril 2006

### *4. Documents officiels (rapports, études)*

#### *a. OMC*

Communication des coauteurs de l'Initiative sectorielle en faveur du coton, *Éléments proposés pour la formule de réduction des soutiens internes accordés au coton,* TN/AG/GEN/12, TN/AG/SCC/GEN/3, OMC, février 2006

Communication du Groupe Africain, *Propositions d'éléments de modalités dans le cadre de l'initiative sectorielle en faveur du coton*, OMC, TN/AG/SCC/GEN/2, avril 2005

*Conclusions succinctes*, Atelier régional de l'OMC sur le coton à l'intention des pays africains, Cotonou, République du Bénin 23 et 24 mars 2004, WT/L/564, OMC

*Décision adoptée par le Conseil général le 1er août 2004*, OMC, août 2004, WT/L/579

Groupe Africain à L'OMC : proposition conjointe concernant les négociations sur l'agriculture, G/AG/NG/W/142, 23 mars 2001

Panitchpakdi Supachai, *Déclaration liminaire : Atelier régional de l'OMC sur le coton à l'intention des pays africains,* Cotonou (République du Bénin), mars 2004

*Poverty reduction: Sectoral Initiative in favour of Cotton*, joint Proposal by Benin, Burkina Faso, Chad and Mali, 16 mai 2003, TN/AG/GEN/4

*Programme de travail de Doha, Déclaration ministérielle*, Adoptée le 18 décembre 2005, décembre 2005, OMC, WT/MIN(05)/DEC

Propositions de modalités pour le coton dans le cadre du mandat de la Décision Ministérielle de Hong Kong, *Communication des co-auteurs de l'Initiative Sectorielle en faveur du Coton*,
TN/AG/SCC/GEN/4, OMC, mars 2006

Réduction de la pauvreté : initiative sectorielle en faveur du coton, Proposition conjointe du Bénin, du Burkina Faso, du Mali et du Tchad, 16 mai 2003, TN/AG/GEN/4

Sous-Comité du coton, *Rapport résumé sur la troisième réunion du sous-comité du coton tenue le 29 avril 2005*, Note du Secrétariat1, TN/AG/SCC/R/3

Sous-Comité du coton, *Rapport résumé de la quatrième réunion du sous-comité du coton tenue le 22 juin 2005*, TN/AG/SCC/R/4, juillet 2005

Sous-Comité du coton, *Rapport résumé de la cinquième réunion du sous-comité du coton tenue le 18 juillet 2005*, TN/AG/SCC/R/5, septembre 2005

Sous-Comité du coton, *Rapport résumé de la septième réunion du sous-comité du coton tenue le 28 octobre 2005*, TN/AG/SCC/R/7, novembre 2005

*b. CSAO*

Bangoura Dominique (Observatoire Politique et Stratégique de l'Afrique, Paris, Conakry), Minard Sara, Perret Christophe (CSAO), *Recensement des études rétrospectives et prospectives de l'Afrique de l'Ouest*, CSAO, OCDE, mai 2005

Hussein Karim, Perret Christophe, Hitimana Léonidas, *Importance économique et sociale du coton en Afrique de l'Ouest : Rôle du coton dans le développement, le commerce et les moyens d'existence*, Secrétariat du Club du Sahel et de l'Afrique de l'Ouest/OCDE, Novembre 2005

Hussein Karim, Hitimana Léonidas, Perret Christophe, *La concertation sur la crise du coton en Afrique de l'Ouest et du Centre : chronologie des évènements clés 2001-2005*, Secrétariat du Club du Sahel et de l'Afrique de l'Ouest (CSAO) / OCDE, Septembre 2005

*Importance économique et sociale du coton en Afrique de l'Ouest : Rôle du coton dans le développement, le commerce et les moyens d'existence*, Secrétariat du Club du Sahel et de l'Afrique de l'Ouest/OCDE, novembre 2005

*c. Autres*

Baffes John, *Cotton Market Setting, Trade Policies, and Issues*, World Bank Policy Research Working Paper 3218, février 2004

Fraval Pierrick, *Éléments pour l'analyse économique des filières agricoles en Afrique sub-saharienne*, Bureau des politiques agricoles et de la sécurité alimentaire, décembre 2000

*Lettre du Programme qualité*, « Bulletin trimestriel d'information », n° 6 juin-août 2005, ONUDI, UEMOA

Missions économiques, fiches de synthèse, *Afrique de l'Ouest : Importance de l'agriculture dans l'économie régionale*, décembre 2004 http://www.izf.net/izf/ee/pro/index_frameset.asp?url=http://www.izf.net/izf/EE/pro/cote_ivoire/5020.asp

Nouveau Partenariat pour le Développement de l'Afrique (NEPAD), Rapport Annuel 2003/2004

Poonyth Daneswar, Sarris Alexander, Sharma Ramesh, Shui Shangnan, *Commodities and Trade Division, the impact of domestic and trade policies on the world cotton market*, FAO Commodity and Trade Policy Research Working Paper, n°8, avril 2004

*Rapport Thématique Jumbo*, Réunion des Ministres de l'économie et des finances des pays de la zone franc, AFD, septembre 2005

« Réduction de la pauvreté : initiative sectorielle en faveur du coton », document déposé le 30 avril 2003 par le Bénin, le Burkina Faso, le Mali et le Tchad au Comité de l'Agriculture de l'OMC

Tokarick Stephen, *Measuring the impact of Distortions in agricultural trade in partial and general equilibrium*, IMF working paper, may 2003

### *5. Mémoires, thèses*

Aliou Niang, *Accès aux marchés et commerce des produits agricoles pour les pays en voie de développement : L'exemple de la région Ouest-africaine,* mémoire de maîtrise en droit des Entreprises, UniversitéGaston Berger de Saint Louis du Sénégal

Miroudot Sébastien, *Quel avenir pour l'initiative sectorielle en faveur du coton après l'échec de Cancún*, Groupe d'Économie Mondiale, Sciences-Po, mars 2004

### *6. Entretiens, colloques*

Atelier Régional ROPPA/CEDEAO, *« Propositions paysannes : quelle agriculture pour le NEPAD ? »,* Niamey, juin 2003

Conférence des Nations Unies sur le commerce et le développement, *Le développement économique en Afrique, résultats commerciaux et des dépendances à l'égard des produits de base*, New-York et Genève, 2003

Fok Michel (CIRAD), *Coton africain et marché mondial : une distorsion peut en cacher une autre plus importante*, Colloque Agence Universitaire de la Francophonie Filières d'exportation de produits agricoles du Sud : réformes institutionnelles, négociations internationales et impacts socio-démographiques, Bamako, avril 2005

Hazard Eric, *La participation des cotonculteurs d'Afrique de l'Ouest et du Centre aux négociations commerciales internationales*, International workshop on public-private dialogue, février 2006

Pesche Denis, *Dynamique d'organisation des ruraux et renforcement des capacités pour l'élaboration des politiques publiques en Afrique subsaharienne*, Communication au séminaire CERI/GEMDEV/CIRAD, octobre 2005

Rapport du Dialogue : « Les subventions sur le coton à Cancun : Vers une stratégie commune et cohérente des pays d'Afrique de l'Ouest et du Centre pour la Conférence ministérielle de l'OMC ». Saly, Sénégal, les 20 et 21 juillet 2003. Juillet 2003

*Réunion pour la Défense de la soumission à l'OMC sur le coton par les quatre pays initiateurs (Bénin, Burkina Faso, Mali et Tchad) : Proposition technique de plan d'actions et de soutien,* Genève, le 13 juin 2003, http://www.ictsd.org/africodev/analyse/coton/defensesoumissioncoton.pdf

### 7. *Sites Internet*

#### *a. Centres de recherche*

CIRAD : l'institut français de recherche agronomique au service du développement des pays du Sud et de l'outre-mer français
http://www.cirad.fr/fr/regard_sur/coton.php

African Studies Centre in Leiden[142]
http://opc4-ascl.pica.nl/DB=3/FKT=1016/FRM=ppn+061412856/IMPLAND=N/LNG=EN/LRSET=1/SET=1/SID=e0b02e0f-0/SRT=RLV/TTL=1/REL?PPN=294906266

Comité Consultatif International du Coton (CCIC) ou ICAC
http://www.icac.org/general/history/english.html

Food and Agricultural Policy Research Institute (FAPRI)
http://www.fapri.org/

www.pakissan.com : "Connecting Agri-Community for Better Farming"
Sofia Anwar et Zakir Hussain, *Cotton has comparative advantage in WTO regime*, octobre 2006

#### *b. Sites officiels*

CNUCED – INFOCOMM :
http://r0.unctad.org/infocomm/francais/coton/plan.htm

International Cotton Advisory Committee : http://www.icac.org

International Center for Trade and Sustainable Development : www.ictsd.org

142 Ce centre uniquement dédié aux études sur l'Afrique, se trouve aux Pays-Bas.

DAGRIS : www.dagris.fr

Club du Sahel et de l'Afrique de l'Ouest :
http://www.oecd.org/dataoecd/27/33/34648890.pdf : plaquette du CSAO

OECD : http://www.oecd.org

FAO, *Réflexion avec un groupe d'expert sur la définition du terme subvention*, décembre 2000 :
http://www.fao.org/docrep/004/X9143F/x9143f01.htm#TopOfPage

OMC, *Rapport sur le commerce mondial 2006*, Suisse 2006
http://www.wto.org/French/res_f/booksp_f/anrep_f/world_trade_report06_f.pdf

UEMOA, *Présentation orientations politiques*
http://mistowa.org/files/corpao1_2006/CRPA032006_3_Politiques_commerciales_UEMOA.pdf

Gouvernement français :
http://www.agriculture.gouv.fr/spip/ressources.publicationsofficielles.etudes_r65.html : série d'études commandées par le gouvernement français

Association Française Cotonnière : http://www.afcot.org

US Cotton Board : http://www.cottonboard.org

China National Cotton exchange : http://www.cottonchina.org

Association Cotonnière Africaine :
http://www.africancotton.org/voir_actu.php?id_actu=2

Réseau des Organisations Paysanes et des Producteurs de l'Afrique de l'Ouest : www.roppa.info

### *c. Articles divers*

« *Decision on measures concerning the possible negative effects of the reform program on Least-Developped and Net Food-Importing Developing countries* » http://www.sunsonline.org/trade/docof/35-dag.htm

Note d'information sur le coton : pendant et après Cancun : www.ictsd.org

Documents officiels conférence ministérielle de Hong Kong http://www.wto.org/french/thewto_f/minist_f/min05_f/official_docs_f.htm

Press Pack : OMC-Doha :
http://europa.eu/press_room/presspacks/wto_200309/index_fr.htm

*Appel commun des producteurs de coton de l'Afrique de l'Ouest*, Bobo-Dioulasso, 21 novembre 2001 : http://www.abcburkina.net/coton3.htm

*Karine Tavernier, Groupe de Cairns et pays en développement : alliés ou adversaires dans les négociations agricoles à l'OMC ?*, avril 2003
http://www.agrobiosciences.org/IMG/pdf/Cahier_Tavernier.pdf

Caliskan Koray, What is in a World Price? The Politics of Cotton Exchange and Production in Egypt, Turkey and the US, Boğaziçi University, Department of Political Science and International Relations

# ANNEXES

# Table des annexes

# 1. *Les matières premières dans la zone Franc*

## PRINCIPALES MATIERES PREMIERES DE LA ZONE FRANC EN 2004

### PRINCIPALES MATIERES PREMIERES AGRICOLES

| | Bénin | Burkina | R.C.I. | G.Bis. | Mali | Sénégal | Togo | Camer. | Congo | Gabon | G.Eq. | R.C.A. | Tchad |
|---|---|---|---|---|---|---|---|---|---|---|---|---|---|
| **CAFE** | | | | | | | | | | | | | |
| Prod.(000tonnes) | | | | | | | | | | | | | |
| 2000-01 | | | 301 | | | | 17 | 69 | | | | 12 | |
| 2001-02 | | | 182 | | | | 18 | 65 | | | | 9 | |
| 2002-03 | | | 137 | | | | 4 | 58 | | | | 5 | |
| 2003-04 (e) | | | *154* | | | | 5 | 64 | | | | 3 | |
| Export (CFA mds) | | | *(2003)* | | | | *(2003)* | *(2003)* | | | | *(2003)* | |
| 2004 | | | 83,7 | | | | 1.8 | 40,4 | | | | 0.8 | |
| *%/total exports* | | | *2,5%* | | | | *<1%* | *3%* | | | | *1,1%* | |
| **CACAO** | | | | | | | | | | | | | |
| Prod.(000tonnes) | | | | | | | | | | | | | |
| 2000-01 | | | 1212 | | | | 10 | 130 | | | 3 | | |
| 2001-02 | | | 1265 | | | | 8 | 124 | | | 4 | | |
| 2002-03 | | | 1336 | | | | 8 | 170 | | | 2 | | |
| 2003-04 (e) | | | 1406 | | | | 5 | 184 | | | 2 | | |
| Export (CFA mds) | | | *(2003)* | | | | *(2003)* | *(2003)* | | | *(2003)* | | |
| 2003-04 | | | 1372 | | | | 9,0 | 141,6 | | | 2,6 | | |
| *%/total exports* | | | *40,4%* | | | | *2,5%* | *10,7%* | | | *<1%* | | |
| **COTON** (graines) | | | | | | | | | | | | | |
| Prod.(000tonnes) | | | | | | | | | | | | | |
| 2000-01 | 337 | 276 | 287 | | 243 | 20 | 168 | 231 | | | | 25 | 143 |
| 2001-02 | 416 | 379 | 393 | | 571 | 36 | 187 | 246 | | | | 33 | 165 |
| 2002-03 | 337 | 409 | 396 | | 440 | 40 | 164 | 234 | | | | 14 | 178 |
| 2003-04 (e) | 330 | 462 | 180 | | 609 | 55 | 175 | 263 | | | | 7 | 150 |
| Export (CFA mds) | (2003) | (2004) | (2002) | | (2004) | | (2003) | (2003) | | | | (2003) | (2003) |
| 2003-04 | 95,8 | 139,8 | 93,4 | | 203,4 | nd | 47,8 | 63,6 | | | | 0.6 | 41.0 |
| *%/total exports* | *29,7%* | *65,4%* | *2,6%* | | *34,9%* | *nd* | *13,4%* | *4,8%* | | | | *<1%* | *>15%* |
| **BOIS** | | | | | | | | | | | | | |
| Prod.(000 m3) | | | | | | | | | | | | | |
| 2001 | | | nd | | | | | 2070 | 1042 | 2800 | 635 | 670 | |
| 2002 | | | nd | | | | | 1931 | 1376 | 2500 | 510 | 532 | |
| 2003 | | | nd | | | | | 1738 | 1575 | 2421 | 501 | 529 | |
| 2004 (e) | | | nd | | | | | 1990 | 1780 | 2209 | 480 | 513 | |
| Export (CFA mds) | | | (2002) | | | | | (2003) | (2003) | (2003) | (2003) | (2003) | |
| 2002-03 | | | 156,2 | | | | | 194,1 | 125,8 | 189,2 | 28.7 | 34.6 | |
| *%/total exports* | | | *4,4%* | | | | | *14,7%* | *8,6%* | *10,3%* | *1,1%* | *48,7%* | |
| **ARACHIDES** | | | | | | | | | | | | | |
| Prod.(000tonnes) | | | | | | | | | | | | | |
| 2000-01 | 121 | 169 | | | 166 | 1061 | 33 | | | | | | |
| 2001-02 | 125 | 301 | | | 175 | 944 | 36 | | | | | | |
| 2002-03 | 146 | 324 | | | 121 | 265 | 38 | | | | | | |
| 2003-04 (e) | 165 | 369 | | | 290 | 441 | 36 | | | | | | |
| Export (CFA mds) | | | | | | (2003) | | | | | | | |
| 2004 | nd | nd | | | nd | 35,6 | nd | | | | | | |
| *%/total exports* | *nd* | *nd* | | | *nd* | *4,7%* | *nd* | | | | | | |
| **ANACARDE** | | | | | | | | | | | | | |
| Prod.(000tonnes) | | | | | | | | | | | | | |
| 2001 | | | | 82,5 | | | | | | | | | |
| 2002 | | | | 80,6 | | | | | | | | | |
| 2003 | | | | 84,8 | | | | | | | | | |
| 2004 (e) | | | | 90.0 | | | | | | | | | |
| Export (CFA mds) | | | | (2004) | | | | | | | | | |
| 2004 | | | | 31,7 | | | | | | | | | |
| *%/total exports* | | | | *89%* | | | | | | | | | |

*Sources : données des banques centrales BCEAO et BEAC*

**PRINCIPAUX PRODUITS MINIERS** ***(mise à jour – juin 2005)***

| | Burkina | R.C.I. | Mali | Niger | Sénégal | Togo | Cameroun | Congo | Gabon | G.Eq. | R.C.A. | Tchad |
|---|---|---|---|---|---|---|---|---|---|---|---|---|
| **PETROLE** brut | | | | | | | | | | | | |
| Product. (MT) | | | | | | | | | | | | |
| 2001 | | 0.3 | | | | | 5,5 | 12,1 | 12.9 | 9.7 | | 0 |
| 2002 | | 0.8 | | | | | 5.2 | 11.8 | 12.6 | 11,5 | | 0 |
| 2003 | | 1,1 | | | | | 4.9 | 11.2 | 13,4 | 13.3 | | 1,8 |
| 2004 (e) | | nd | | | | | 4,6 | 11,2 | 13.7 | 17,6 | | 8.7 |
| Export (CFA mds) | | (produits) | | | | | *(2004)* | *(2004)* | *(2004)* | *(2004)* | | *(2004)* |
| 2004 | | 408 | | | | | 576 | 1480 | 1800 | 2450 | | 1000 |
| *%/total exports* | | *12%* | | | | | *40,4%* | *84%* | *80%* | *98,4%* | | *>85%* |
| **OR** | | | | | | | | | | | | |
| Production (kg) | | | | | | | | | | | | |
| 2001 | 209 | 3672 | 53660 | | | | | | | | | |
| 2002 | 390 | 3570 | 66070 | | | | | | | | | |
| 2003 | nd | 1313 | 53990 | | | | | | | | | |
| 2004 | *nd* | *nd* | *45000e* | | | | | | | | | |
| Export (CFA mds) | *(2003)* | | *(2004)* | | | | | | | | | |
| 2003-04 (e) | 5,1 | nd | 279,6 | | | | | | | | | |
| *%/total exports* | *2,7%* | *nd* | *48%* | | | | | | | | | |
| **MANGANESE** | | | | | | | | | | | | |
| Prod. (000tonnes) | | | | | | | | | | | | |
| 2001 | | | | | | | | | 1800 | | | |
| 2002 | | | | | | | | | 1900 | | | |
| 2003 | | | | | | | | | 2000 | | | |
| 2004 (e) | | | | | | | | | nd | | | |
| Export (CFA mds) | | | | | | | | | *(2003)* | | | |
| 2004 | | | | | | | | | 88.3 | | | |
| *%/total exports* | | | | | | | | | *4,8%* | | | |
| **URANIUM** | | | | | | | | | | | | |
| Product. (tonnes) | | | | | | | | | | | | |
| 2001 | | | | 2917 | | | | | | | | |
| 2002 | | | | 3024 | | | | | | | | |
| 2003 | | | | 3178 | | | | | | | | |
| 2004 (e) | | | | nd | | | | | | | | |
| Export (CFA mds) | | | | (2004) | | | | | | | | |
| 2004 | | | | 65,3 | | | | | | | | |
| *%/total exports* | | | | *30%* | | | | | | | | |
| **PHOSPHATES** | | | | | | | | | | | | |
| Prod. (000tonnes) | | | | | | | | | | | | |
| 2001 | | | | | 1708 | 1067 | | | | | | |
| 2002 | | | | | 1547 | 1271 | | | | | | |
| 2003 | | | | | 1919 | 1471 | | | | | | |
| 2004 (e) | | | | | nd | nd | | | | | | |
| Export (CFA mds) | | | | | (2004) | (2003) | | | | | | |
| 2004 | | | | | 117e | 26,1 | | | | | | |
| *%/total exports* | | | | | *15%* | *7,3%* | | | | | | |
| **DIAMANTS** | | | | | | | | | | | | |
| Prod. (000 carats) | | | | | | | | | | | | |
| 2001 | | 309 | | | | | | | | | 449 | |
| 2002 | | 306 | | | | | | | | | 415 | |
| 2003 | | nd | | | | | | | | | 333 | |
| 2004 (e) | | nd | | | | | | | | | 352 | |
| Export (CFA mds) | | | | | | | | | | | (2003) | |
| 2003 | | nd | | | | | | | | | 28,6 | |
| *%/total exports* | | *nd* | | | | | | | | | *40,3%* | |

*Sources : données des banques centrales BCEAO et BEAC.*

Données répertoriées par *CREDIT RISK INTERNATIONAL cri.jlt@wanadoo.fr*
*(mise à jour – juin 2005)*

## 2. *Structure des exportations ouest africaines*

Source : Missions économiques, fiches de synthèse, *Afrique de l'Ouest : Importance de l'agriculture dans l'économie régionale*, décembre 2004

Structure des exportations agricoles régionales

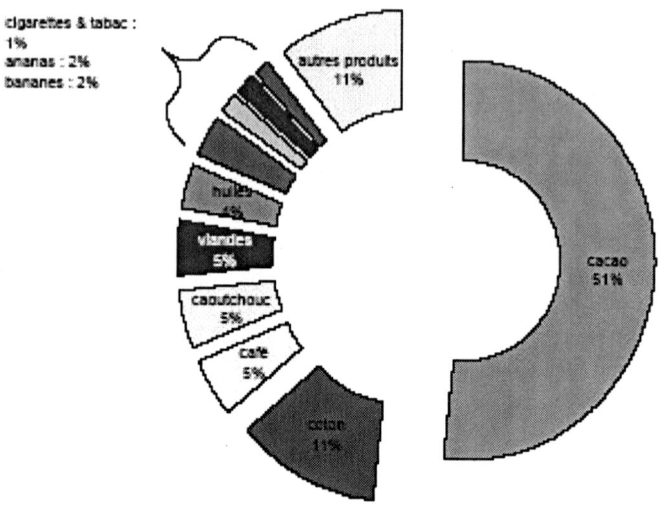


Contribution des pays ouest africains aux exportations régionales

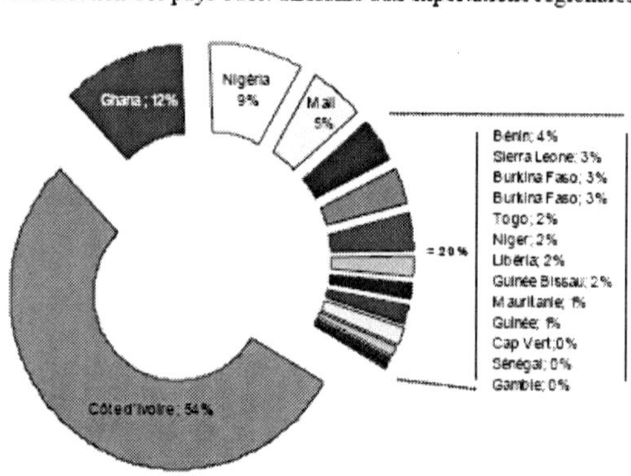

## 3. *Tableau de synthèse du pourcentage des secteurs primaire, secondaire et tertiaire des pays de la zone franc CFA*

Source : données BANQUE DE FRANCE – Rapport Zone franc – 2005, Données répertoriées par l'auteur

| | 2005 | Secteur primaire | Secteur secondaire | Secteur tertiaire |
|---|---|---|---|---|
| Bénin | % PIB | 32,2 | 13,3 | 54,5 |
| | % Population active | 54 | 10 | 36 |
| | | Coton graine, manioc, ignames, maïs, mil sorgho, riz paddy | Secteur encore embryonnaire, agroalimentaire, textile, industrie chimique → gaz industriel | Secteur moteur, importance des activités du Port Autonome de Cotonou, télécommunications |
| Burkina Faso | % PIB | 31,5 | 18,2 | 50,3 |
| | % Population active | 84 | 5 | 11 |
| | s | Coton, mil sorgo, maïs, riz paddy arachides | Manufactures, énergie, BTP | |
| Cameroun | % PIB | 22,5 | 28,1 | 49,4 |
| | % Population active | 49 | 15 | 36 |
| | | Cacao, café, coton, bananes, bois, pétrole | Manufactures, BTP, aluminium, agroalimentaire | Communication, transport, véritable moteur de l'économie |
| Côte d'Ivoire | % PIB | 23,3 | 22,9 | 53,8 |
| | % Population active | 49 | 14 | 37 |
| | | Cacao, café, coton graine | | |
| Guinée Bissau | % PIB | 55,8 | 11,7 | 32,5 |
| | % | 79 | 5 | 16 |

| | | | | |
|---|---|---|---|---|
| | Population active | | | |
| | | Riz, coton graine, anacarde | Secteur embryonnaire mis en difficulté par la guerre civile, programmes de soutien pour les secteurs du tourisme, de la pêche, des télécommunications | Commerce, existence de potentialités touristiques |
| Mali | % PIB | 35 | 27,1 | 37,9 |
| | % Population active | 80 | 3 | 17 |
| | | Coton-graine, mil sorgho, maïs, riz paddy, arachides, élevage, or, possibilité de diversification avec le phosphate, le lithium, la bauxite et le fer | Secteur encore modeste, fort coût des facteurs (électricité et transports) | |
| Niger | % PIB | 41,1 | 11,6 | 47 |
| | % Population active | 86 | 2 | 12 |
| | | Mil sorgho, niébé, arachides, riz paddy, coton graine, uranium | Agro-alimentaire, textile, BTP | |
| Sénégal | % PIB | 16,4 | 23,6 | 60 |
| | % Population active | 77 | 7 | 16 |
| | | Arachides, | Extraction et | Télécommunications, |

| | | | | |
|---|---|---|---|---|
| | | coton-graine, mil sorgho, maïs, riz paddy, phosphates, pêche artisanale | transformation de phosphates, agroalimentaire (transformation d'arachide en huile et tourteaux, valorisation des produits de la mer), production d'énergie, BTP, cimenterie, | activités portuaires, tourisme |
| Tchad | % PIB | 21,2 | 53,5 | 25,3 |
| | % Population active | 72 | 7 | 21 |
| | | Coton, mil sorgho, manioc, arachide, canne à sucre, gomme arabique, pétrole | Usines d'égrenage, eau et électricité, BTP | Activités commerciales, téléphonie mobile, transports, tourisme |
| Togo | % PIB | 38,7 | 14,6 | 46,7 |
| | % Population active | 67 | 12 | 21 |
| | | Ignames, manioc, maïs, mil sorgho, riz paddy, coton-graine (la filière est un pilier de l'économie : 15 % des exportations totales du pays), café, cacao, arachides, Phosphates | Industrie liée au phosphate, cimenterie | Importance du Port Autonome de Lomé (bénéficie de la crise ivoirienne) avec la zone franche de Lomé avec ses multiples entreprises étrangères |

## 4. Évolution du prix du coton et recettes des sociétés cotonnières en Afrique de l'Ouest et du Centre

Source : *Rapport Thématique Jumbo*, Réunion des Ministres de l'économie et des finances des pays de la zone franc, AFD, septembre 2005

| *Campagne 2005/2006 En FCFA par kilo de fibre produite* | Mali CMDT | Burkina Faso SOFITEX | Cameroun SODECOTON | Tchad COTONTCHAD |
|---|---|---|---|---|
| **Prix au producteur** | **160** | **175** | **170** | **175** |
| Rendement d'égrenage | 41% | 42% | 41% | 41% |
| Production de coton fibre (en tonnes) | 230 420 | 294 000 | 102 500 | 71 750 |
| Frais fixes (en FCFA) | 21 056 | 14 380 | 16 126 | 11 078 |
| Frais variables, hors prix d'achat aux prod. (en FCFA/kg de fibre) | 182 | 194 | 134 | 234 |
| Achat du coton graine aux producteurs | 389 | 417 | 417 | 427 |
| Coût de revient estimé | 571.16 | 611 | 551 | 661 |
| Revenu rural (fixe à prix au producteur fixe) | 725 | 632 | 1748 | 521 |
| **Parité euro/dollar** | **1,31** | **Indice A (en cts/lb)** | | **66c/lb** |
| **Résultat** des sociétés : millions de FCFA | 25 904 | 19 981 | 13 118 | 1 623 |
| **PIB** croissance | 6,2% | 5,4% | 3,2% | 15,7% |
| **Recettes exports** : milliards de FCFA | 550 | 292 | 1455 | 1815 |
| **Parité euro/dollar** | **1,25** | **Indice A (en cts/lb)** | | **66c/lb** |
| **Résultat** des sociétés : millions de FCFA | 33 962 | 30 263 | 16 702 | 4 133 |
| **PIB** : taux de croissance | 6,2% | 5,3% | 3,0% | 15,6% |
| **Recettes exports** : milliards de FCFA | 574 | 302 | 1513 | 1894 |
| **Parité euro/dollar** | **1,31** | **Indice A (en cts/lb)** | | **55c/lb** |
| **Résultat** des sociétés : millions de FCFA | (2 076)[44] | (15 719) | 671 | (7 089) |
| **PIB** croissance | 5,9% | 5,0% | 3,2% | 15,5% |
| **Recettes exports** : milliards de FCFA | 520 | 260 | 1439 | 1802 |
| **Parité euro/dollar** | **1,25** | **Indice A (en cts/lb)** | | **55c/lb** |
| **Résultat** des sociétés : millions de FCFA | 4 639 | (7 151) | 3 659 | (4 998) |
| **PIB** croissance | 5,8% | 5,0% | 3,0% | 15,4% |
| **Recettes exports** : milliards de FCFA | 542 | 268 | 1496 | 1880 |
| **Parité euro/dollar** | **1,25** | **Indice A (en cts/lb)** | | **45c/lb** |
| **Résultat** des sociétés : millions de FCFA | (22 018) | (41 163) | (8 200) | (13 299) |
| **PIB** : taux de croissance | 5,7% | 4,6% | 3,0% | 14,6% |
| **Recettes exports** : milliards de FCFA | 542 | 238 | 1496 | 1861 |

[44] Les résultats entre parenthèses signifient que ce sont des résultats négatifs.

## 5. *Évolution de la production de coton fibre*

Source :_FARM, *Le coton africain après Hong Kong : une question grave mais non résolue*, avril 2006

| *En milliers de tonnes de fibre* | 2004-2005 | 2005-2006 Estimation * | Écart en % |
|---|---|---|---|
| Bénin | 171 | 82 | -52,05 % |
| Burkina Faso | 264 | 302 | 14,39 % |
| Côte d'Ivoire | 145 | 108 | -25,52 % |
| Guinée | 3 | 3 | 0,00 % |
| Mali | 239 | 244 | 2,09 % |
| Sénégal | 17 | 18 | 5,88 % |
| Togo | 74 | 32 | -56,76 % |
| **Total Afrique de l'Ouest** | **913** | **789** | **-13,58 %** |
| Cameroun | 125 | 100 | -20,00 % |
| Centrafrique | 3 | 2 | -33,33 % |
| Tchad | 84 | 82 | -2,38 % |
| **Total Afrique centrale** | **212** | **184** | **-13,21 %** |
| **Total Afrique de l'Ouest et du Centre** | **1125** | **973** | **-13,51 %** |
| *Source : * Note de conjoncture n° 9 DAGRIS, Janvier-Février 2006* | | | |

### *Évolution des prix aux producteurs*

| *En Franc CFA/kg de coton graine* | 2004-2005 | 2005-2006 | Réduction en % |
|---|---|---|---|
| Bénin | 200 | 170 | 15 % |
| Burkina Faso | 210 | 175 | 17 % |
| Côte d'Ivoire | 140 | 140 | 0 % |
| Mali | 210 | 160 | 24 % |
| Sénégal | 195 | 195 | 0 % |
| Togo | 175 | 160 | 9 % |
| **Afrique de l'Ouest** (Moyenne pondérée) | **194** | **165** | **15 %** |
| Cameroun | 190 | 170 | 11 % |
| Tchad | 190 | 160 | 16 % |
| **Afrique centrale** (Moyenne pondérée) | **190** | **165** | **13 %** |
| **Afrique de l'Ouest et du Centre** (Moyenne pondérée) | **193** | **165** | **15 %** |
| *Source : DAGRIS, AFD, URECOS-CI.* | | | |

### *Estimation des baisses des recettes*

| **Estimation des revenus des cotonculteurs** | **2004-2005 En Mds F. CFA** | **2005-2006 En Mds F. CFA** | **Baisse de revenus En Mds F. CFA** | **Variation En %** |
|---|---|---|---|---|
| Bénin | 81,429 | 33,190 | -48,238 | -59 % |
| Burkina Faso | 132,000 | 125,833 | -6,167 | 5 % |
| Côte d'Ivoire | 48,333 | 36,000 | -12,333 | -26 % |
| Mali | 119,500 | 92,952 | -26,548 | -22 % |
| Sénégal | 7,893 | 8,357 | 464 | +6 % |
| Togo | 30,833 | 12,190 | -18,643 | -60 % |
| **Total Afrique de l'Ouest** | **419,988** | **308,524** | **-111,464** | **-27 %** |
| Cameroun | 56,548 | 40,476 | -16,071 | -28 % |
| Tchad | 38,000 | 31,238 | -6,762 | -18 % |
| **Total Afrique centrale** | **94,548** | **71,714** | **-22,833** | **-24 %** |
| **Total Afrique de l'Ouest et du Centre** | **514,536** | **380,238** | **-134,298** | **-26 %** |
| ***soit en millions d'euros*** | **784 €** | **580€** | **-205 €** | |
| *Source : calcul effectué à partir des estimations de production valorisées par le prix d'achat aux producteurs. Cf. Note de conjoncture n° 9 DAGRIS, Janvier-Février 2006.* | | | | |

# *Estimation des recettes des sociétés cotonnières*

| **Estimation des résultats des sociétés cotonnières** | **2004-2005 En Mds F. CFA** | **2005-2006 En Mds F. CFA** |
|---|---|---|
| Bénin | -27,564 | -2,414 |
| Burkina Faso | -30,000 | -12,487 |
| Côte d'Ivoire | -2,658 | 4,535 |
| Mali | -44,215 | -1,374 |
| Sénégal | -2,538 | -1,601 |
| Togo | -7,523 | -0,180 |
| **Total Afrique de l'Ouest** | **-114,498** | **-13,5221** |
| Cameroun | -17,173 | -2,944 |
| Tchad | -11,540 | -0,462 |
| **Total Afrique centrale** | **-28,713** | **-3,406** |
| **Total Afrique de l'Ouest et du Centre** | **-143,211** | **-16,928** |
| ***soit en millions d'euros*** | **-218,323 €** | **-25,807€** |
| *Source : calcul FARM à partir de données DAGRIS.* | | |

# *Variation des recettes d'exportation*

| Variation des recettes d'exportation du coton | 2004-2005 En Mds F. CFA | 2005-2006 En Mds F. CFA | Variation En Mds F. CFA |
|---|---|---|---|
| Bénin | 104 | 55 | -49 |
| Burkina Faso | 161 | 202 | 41 |
| Côte d'Ivoire | 88 | 72 | -16 |
| Guinée | 2 | 2 | 0 |
| Mali | 146 | 164 | 18 |
| Sénégal | 10 | 12 | 2 |
| Togo | 45 | 21 | -24 |
| **Total Afrique de l'Ouest** | **557** | **529** | **-28** |
| Cameroun | 76 | 67 | -9 |
| Centrafrique | 2 | 1 | -1 |
| Tchad | 51 | 55 | 4 |
| **Total Afrique centrale** | **129** | **123** | **-6** |
| **Total Afrique de l'Ouest et du Centre** | **686** | **652** | **-34** |

*Source : calcul FARM à partir de données DAGRIS.*

## 6. *Le marché international du coton : acteurs évolutions de la production et des cours*

Sources : www.afd.fr

**GRAPHIQUE 1**
**TAUX D'EXPORTATION, PART DES IMPORTATIONS DANS LA CONSOMMATION DE COTON ET PRODUCTION EN 2005/2006**
(les surfaces correspondent aux productions)

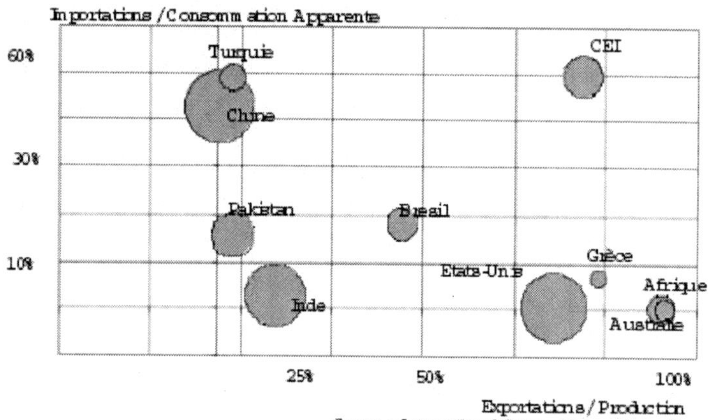


*Source : International Cotton Advisory Committee*

GRAPHIQUE 2

EVOLUTION DE LA PRODUCTION DE COTON GRAINE AU BÉNIN, AU BURKINA FASO, EN CÔTE D'IVOIRE, AU MALI*, AU SÉNÉGAL, AU TOGO, AU CAMEROUN ET AU TCHAD

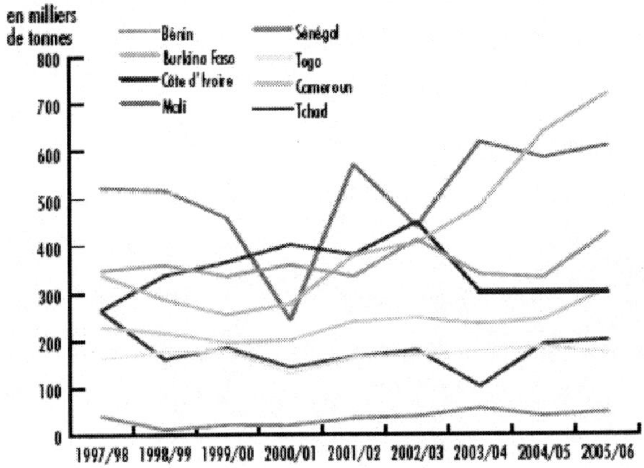


* En 2001, l'annonce d'une baisse des prix producteurs a provoqué une grève des planteurs au Mali.

*Source : AFD Rapport Jumbo, projections 2005/2006*

**GRAPHIQUE 3**
**EVOLUTION DES COURS EN DOLLAR, FCFA, RÉAL**

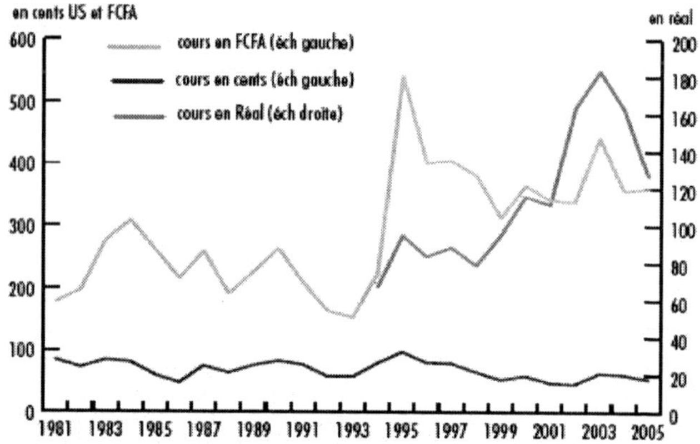


**GRAPHIQUE 4**
**PART DES EXPORTATIONS MONDIALES DE COTON**

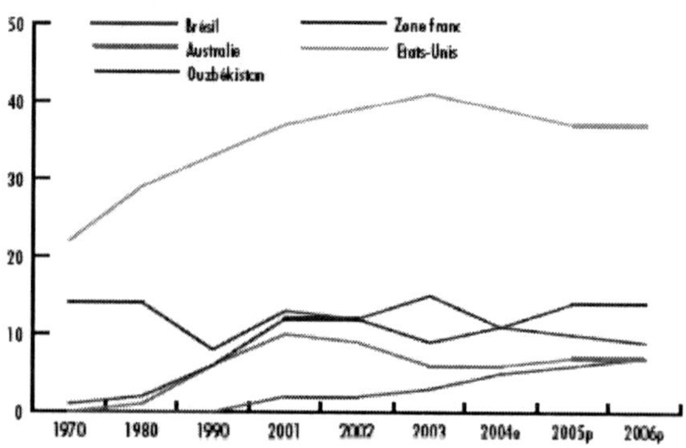


*Source : ICAC*

**Tableau 2**
**Comparaison des coûts de production**

| | Coûts du coton-graine | | Coûts monétaires variables | | Coût net du coton-fibre | |
|---|---|---|---|---|---|---|
| | $/ha | $/kg | $/ha | $/kg | $/ha | $/kg |
| Argentine | 410,11 | 0,21 | 427,06 | 0,65 | 498,01 | 0,75 |
| Australie | 886,84 | 0,21 | 936,49 | 0,66 | 1936,64 | 1,37 |
| Brésil | 1122,07 | 0,31 | 1049,13 | 0,80 | 1277,40 | 0,98 |
| Chine | 886,29 | 0,32 | 706,15 | 0,67 | 1069,35 | 1,02 |
| Mali | 388,18 | 0,34 | 545,97 | 1,15 | 626,94 | 1,32 |
| Bénin | 484,43 | 0,46 | 551,39 | 1,23 | 597,17 | 1,33 |
| Turquie | 1208,8 | 0,32 | 1534,37 | 1,12 | 1827,47 | 1,34 |
| Etats-Unis | 671,02 | | 670,70 | 0,92 | 1082,02 | 1,48 |

*Source : ICAC 2004*

*Notes : Le coût net n'inclut pas la valeur locative des terrains et la valeur du coton-graine. Les données pour l'Argentine et le Brésil sont régionales (respectivement, Santiago del Estero et Cerrado). L'égrenage est inclus dans les coûts monétaires variables, et les coûts économiques et les coûts fixes sont intégrés dans le coût net.*

## *Statistiques panorama international du coton*[143]

| COUNTRY | PRODUCTION (thousand tons) | EXPORTS (thousand tons) | YIELD (kilograms per hectare) | PER CAPITA GDP (1995 US dollars) |
|---|---|---|---|---|
| **AMERICAS** | | | | |
| United States | 3,362 | 1,208 | 699 | 30,620 |
| Brazil | 611 | 4 | 800 | 4,495 |
| Mexico | 177 | 42 | 691 | 3,583 |
| Argentina | 167 | 162 | 364 | 8,270 |
| Paraguay | 74 | 60 | 442 | 1,768 |
| Peru | 46 | 5 | 631 | 2,344 |
| **Total** | **4,489** | **1,490** | | |
| **AFRICA** | | | | |
| Egypt | 232 | 103 | 776 | 1,166 |
| Mali | 207 | 209 | 419 | 285 |
| Côte d'Ivoire | 165 | 145 | 585 | 782 |
| Benin | 138 | 135 | 360 | 398 |
| Zimbabwe | 117 | 96 | 343 | 674 |
| Burkina Faso | 115 | 112 | 392 | 249 |
| Cameroon | 79 | 71 | 459 | 655 |
| Chad | 69 | 67 | 230 | 224 |
| Togo | 68 | 69 | 435 | 341 |
| Nigeria | 58 | 18 | 199 | 252 |
| Sudan | 54 | 51 | 398 | 290 |
| South Africa | 42 | 9 | 369 | 3,946 |
| Tanzania | 39 | 30 | 186 | 185 |
| **Total** | **1,556** | **1,228** | | |
| **EUROPE** | | | | |
| Greece | 396 | 275 | 934 | 12,400 |
| Spain | 118 | 58 | 1,143 | 16,802 |
| **Total** | **514** | **384** | | |
| **ASIA** | | | | |
| China | 4,165 | 258 | 1,044 | 747 |
| India | 2,729 | 27 | 306 | 438 |
| Pakistan | 1,703 | 46 | 576 | 503 |
| Uzbekistan | 1,064 | 897 | 700 | 467 |
| Turkey | 831 | 65 | 1,127 | 3,072 |
| Australia | 734 | 678 | 1,332 | 23,293 |
| Syria | 321 | 226 | 1,409 | 858 |
| Turkmenistan | 208 | 195 | 378 | 1,126 |
| Iran | 141 | 0 | 641 | 1,580 |
| Tajikistan | 104 | 87 | 413 | 352 |
| Kazakhstan | 67 | 64 | 572 | 1,350 |
| Myanmar | 54 | 27 | 216 | – |
| Israel | 38 | 38 | 1,660 | 16,453 |
| **Total** | **12,349** | **2,703** | | |
| **WORLD** | **18,907** | **5,805** | **585** | |

**Source.** International Cotton Advisory Committee and World Bank (World Development Indicators).

143 John Baffes, Cotton Market Setting, Trade Policies, and Issues, World Bank Policy Research Working Paper 3218, février 2004

## *Marché mondial du coton 1960-2002 (en millier de tonnes)*[144]

| | 1960 | 1970 | 1980 | 1990 | 1998 | 1999 | 2000 | 2001 | 2002 |
|---|---|---|---|---|---|---|---|---|---|
| PRODUCTION | | | | | | | | | |
| China | 1,372 | 1,995 | 2,707 | 4,508 | 4,501 | 3,830 | 4,350 | 5,100 | 4,700 |
| US | 3,147 | 2,219 | 2,422 | 3,376 | 3,030 | 3,835 | 3,818 | 4,393 | 3,879 |
| India | 1,012 | 909 | 1,322 | 1,989 | 2,710 | 2,650 | 2,350 | 2,459 | 2,450 |
| Pakistan | 306 | 543 | 714 | 1,638 | 1,480 | 1,800 | 1,750 | 1,743 | 1,717 |
| Uzbekistan[a] | 1,491 | 2,342 | 2,661 | 2,593 | 1,000 | 1,150 | 960 | 1,055 | 1,035 |
| Franc Zone | 63 | 140 | 224 | 562 | 897 | 928 | 700 | 991 | 902 |
| Turkey | 192 | 400 | 500 | 655 | 871 | 826 | 740 | 900 | 900 |
| Brazil | 425 | 549 | 623 | 717 | 420 | 648 | 848 | 725 | 785 |
| Australia | 2 | 19 | 99 | 433 | 726 | 733 | 704 | 658 | 386 |
| Greece | 63 | 110 | 115 | 213 | 405 | 428 | 420 | 410 | 355 |
| Egypt | 480 | 509 | 529 | 296 | 230 | 229 | 206 | 279 | 293 |
| Syria | 112 | 150 | 118 | 145 | 335 | 325 | 362 | 350 | 233 |
| **World** | **10,201** | **11,740** | **13,831** | **18,970** | **18,551** | **18,887** | **18,901** | **20,856** | **19,076** |
| ENDING STOCKS | | | | | | | | | |
| US | 1,574 | 915 | 653 | 510 | 849 | 860 | 1,174 | 1,826 | 2,222 |
| China | 0 | 412 | 299 | 1,550 | 4,124 | 2,814 | 2,263 | 2,347 | 1,949 |
| India | 635 | 376 | 59 | 539 | 1,011 | 910 | 848 | 812 | 583 |
| Brazil | 144 | 321 | 391 | 231 | 317 | 370 | 505 | 536 | 401 |
| Pakistan | 52 | 55 | 204 | 313 | 353 | 463 | 353 | 616 | 373 |
| Australia | 5 | 13 | 61 | 150 | 424 | 431 | 371 | 378 | 348 |
| **World** | **4,643** | **4,605** | **5,152** | **6,653** | **9,699** | **8,710** | **7,917** | **9,896** | **9,092** |
| CONSUMPTION | | | | | | | | | |
| China | 1,481 | 2,016 | 3,300 | 4,225 | 4,400 | 4,800 | 5,050 | 5,500 | 5,700 |
| India | 1,006 | 1,076 | 1,371 | 1,958 | 2,781 | 2,939 | 2,924 | 2,899 | 2,942 |
| Pakistan | 245 | 429 | 461 | 1,343 | 1,625 | 1,700 | 1,760 | 1,900 | 2,000 |
| US | 1,803 | 1,786 | 1,083 | 1,885 | 2,265 | 2,230 | 1,929 | 1,681 | 1,578 |
| Turkey | 109 | 184 | 293 | 557 | 1,000 | 1,200 | 1,150 | 1,300 | 1,365 |
| Brazil | 272 | 296 | 566 | 723 | 797 | 852 | 871 | 860 | 875 |
| Indonesia | 10 | 43 | 104 | 336 | 438 | 470 | 480 | 530 | 500 |
| Mexico | 109 | 146 | 165 | 170 | 484 | 525 | 435 | 430 | 418 |
| Thailand | 15 | 65 | 127 | 328 | 290 | 340 | 360 | 385 | 400 |
| Russia[a] | 1,350 | 1,821 | 1,796 | 1,190 | 190 | 280 | 320 | 345 | 362 |
| Korea | 59 | 117 | 322 | 436 | 320 | 325 | 320 | 325 | 330 |
| Italy | 226 | 201 | 209 | 333 | 284 | 307 | 300 | 290 | 284 |
| Taiwan | 46 | 137 | 229 | 346 | 290 | 295 | 250 | 260 | 260 |
| Bangladesh[b] | na | na | 45 | 98 | 153 | 169 | 196 | 215 | 240 |
| Uzbekistan[a] | na | na | na | 205 | 125 | 185 | 220 | 250 | 225 |
| Japan | 739 | 766 | 715 | 650 | 275 | 280 | 251 | 221 | 212 |
| **World** | **10,231** | **12,173** | **14,215** | **18,585** | **18,674** | **19,756** | **19,753** | **20,152** | **20,535** |

a. Uzbekistan and Russia refer to USSR prior to and including 1990.

b. Included in Pakistan prior to 1970 and including 1970.

Source: ICAC, *Cotton: Review of the World Situation*, various issues.

144 John Baffes, Cotton Market Setting, Trade Policies, and Issues, World Bank Policy Research Working Paper 3218, février 2004

| | *1960* | *1970* | *1980* | *1990* | *1998* | *1999* | *2000* | *2001* | *2002* |
|---|---|---|---|---|---|---|---|---|---|
| **EXPORTS** | | | | | | | | | |
| US | 1,444 | 848 | 1,290 | 1,697 | 915 | 1,481 | 1,470 | 2,134 | 2,056 |
| Uzbekistan[a] | 381 | 553 | 616 | 397 | 900 | 900 | 820 | 718 | 717 |
| Australia | 0 | 4 | 53 | 329 | 650 | 710 | 720 | 650 | 609 |
| Greece | 33 | 0 | 13 | 86 | 230 | 294 | 293 | 257 | 249 |
| Mali | 2 | 19 | 35 | 114 | 216 | 201 | 125 | 176 | 221 |
| Syria | 97 | 134 | 71 | 91 | 210 | 180 | 245 | 220 | 171 |
| Benin | 1 | 14 | 8 | 58 | 119 | 151 | 131 | 132 | 164 |
| Burkina Faso | 0 | 9 | 22 | 73 | 117 | 106 | 107 | 127 | 154 |
| Tajikistan[a] | na | na | na | 200 | 90 | 83 | 110 | 120 | 147 |
| Côte d'Ivoire | 0 | 7 | 42 | 81 | 130 | 160 | 150 | 115 | 137 |
| Zimbabwe | 0 | 32 | 55 | 38 | 89 | 121 | 128 | 67 | 105 |
| World | 3,667 | 3,875 | 4,414 | 5,081 | 5,274 | 6,054 | 5,875 | 6,167 | 6,377 |
| **IMPORTS** | | | | | | | | | |
| Indonesia | 7 | 36 | 106 | 324 | 500 | 455 | 520 | 559 | 537 |
| India | 204 | 155 | 0 | 0 | 136 | 200 | 340 | 425 | 509 |
| China | 65 | 108 | 773 | 480 | 78 | 30 | 52 | 102 | 400 |
| Turkey | 0 | 1 | 0 | 46 | 250 | 459 | 285 | 385 | 358 |
| Thailand | 4 | 46 | 86 | 354 | 271 | 302 | 360 | 387 | 356 |
| Mexico | 0 | 1 | 0 | 43 | 302 | 436 | 473 | 396 | 352 |
| Russia[a] | 0 | 238 | 28 | 37 | 179 | 284 | 325 | 341 | 338 |
| Italy | 218 | 178 | 193 | 336 | 330 | 365 | 310 | 323 | 315 |
| Korea, Rep. | 51 | 121 | 332 | 447 | 330 | 350 | 315 | 318 | 298 |
| Japan | 800 | 796 | 697 | 634 | 270 | 276 | 242 | 247 | 240 |
| Pakistan | 1 | 1 | 1 | 0 | 192 | 103 | 101 | 280 | 224 |
| Taiwan | 47 | 160 | 214 | 358 | 293 | 322 | 269 | 225 | 214 |
| Brazil | 0 | 4 | 2 | 108 | 296 | 340 | 131 | 57 | 200 |
| World | 3,804 | 4,086 | 4,555 | 5,222 | 5,429 | 5,811 | 5,875 | 6,167 | 6,377 |

a. Uzbekistan, Tajikistan, and Russia refer to USSR prior to and including 1990.

**Source:** ICAC, *Cotton: Review of the World Situation*, various issues.

## *Orientations du marché du coton*[145]

| | 1980/81 | 1990/91 | 2000/01 |
|---|---|---|---|
| **Million of $ US (Current)** | | | |
| Industrial to Industrial Countries | 1,287 | 1,631 | 726 |
| Industrial to Developing Countries | 1,728 | 2,114 | 2,800 |
| Developing to Industrial Countries | 951 | 1,232 | 898 |
| Developing to Developing Countries | 599 | 1,896 | 1,951 |
| TOTAL | **4,466** | **6,872** | **6,375** |
| Share (percent) | | | |
| Industrial to Industrial Countries | 28 | 23 | 11 |
| Industrial to Developing Countries | 38 | 31 | 44 |
| Developing to Industrial Countries | 21 | 18 | 14 |
| Developing to Developing Countries | 13 | 28 | 31 |
| TOTAL | **100** | **100** | **100** |

a. Industrial countries are: US, EU (Greece and Spain), Australia, and Israel, currently accounting for 40 percent of world exports (2.3 million tons out of 5.8 million tons).
Source: COMTRADE

145 John Baffes, Cotton Market Setting, Trade Policies, and Issues, World Bank Policy Research Working Paper 3218, février 2004

## 7. *Principaux États producteurs de coton*

### *a. États-Unis*

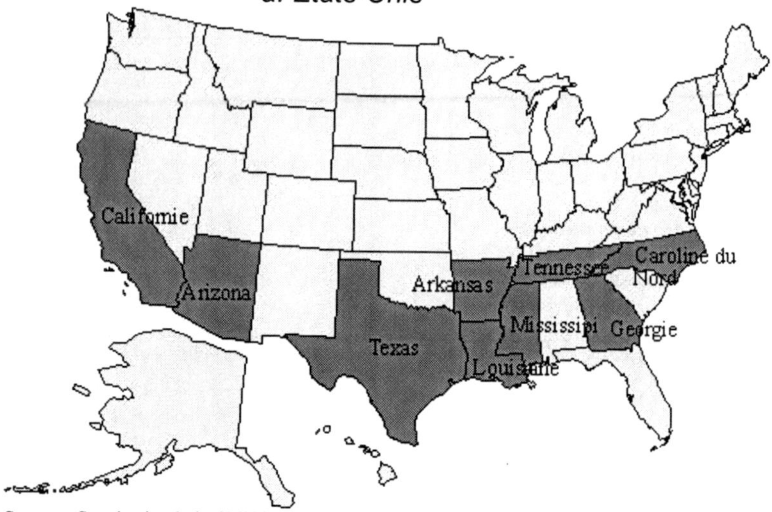


Source : Secrétariat de la CNUCED

<u>Filière américaine du coton</u>

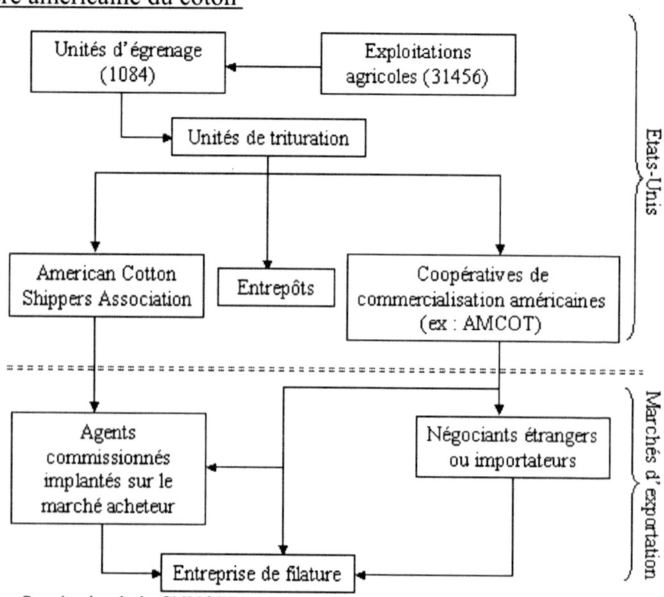


source : Secrétariat de la CNUCED

## *b. Inde*

**India: Trends in cotton area, yield, and production, 1969-2004**

| Item | Area | Yield | Production |
|---|---|---|---|
| | *Million hectares* | *Kilograms/ hectare* | *Million 170-kilogram bales* |
| 1969-71 | 7.71 | 141 | 6.41 |
| 1979-81 | 8.00 | 171 | 8.07 |
| 1989-91 | 7.48 | 281 | 12.37 |
| 1999-01 | 8.70 | 295 | 15.12 |
| 2002-04 | 8.13 | 353 | 16.91 |
| | | *Percent* | |
| Growth rates:[1] | | | |
| 1970s | .4 | 2.0 | 2.3 |
| 1980s | -.7 | 5.1 | 4.4 |
| 1990s | 1.5 | .5 | 2.0 |
| 1990-2003 | .6 | 1.8 | 2.4 |
| Regional growth rates, 1990-2003: | | | |
| North | -.9 | -2.9 | -3.9 |
| Central | 1.5 | 3.5 | 5.1 |
| South | -.2 | .7 | .5 |

[1]Annual growth rates between period average centered on years indicated.

Sources: USDA/ERS calculations based on U.S. Department of Agriculture, Foreign Agricultural Service, Production, Supply, and Distribution database and data from U.S. Department of Agriculture, Foreign Agricultural Service, GAIN Reports.

**India: Cotton yield by region, 1985/86-2005**

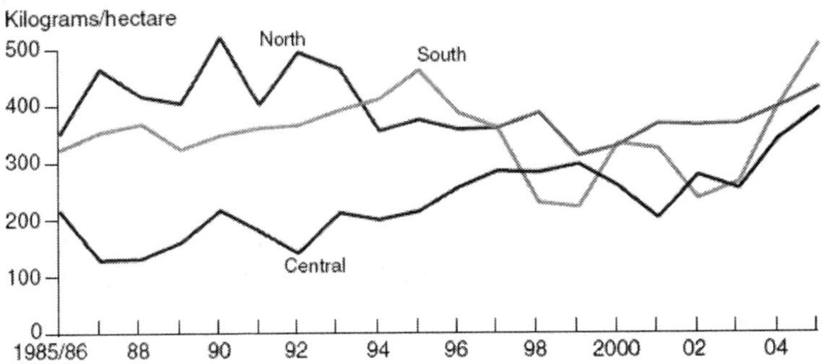


Source: U.S. Department of Agriculture, Foreign Agricultural Service, GAIN Reports.

**India: Cotton production by state**

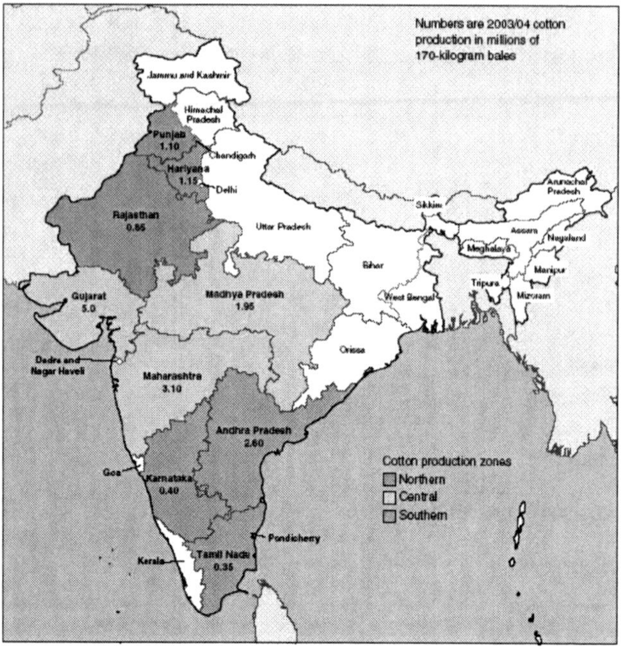


Source: U.S. Department of Agriculture, Foreign Agricultural Service, GAIN Reports.

Figure 25

**India: Cotton production by region, 1986/87-2004**

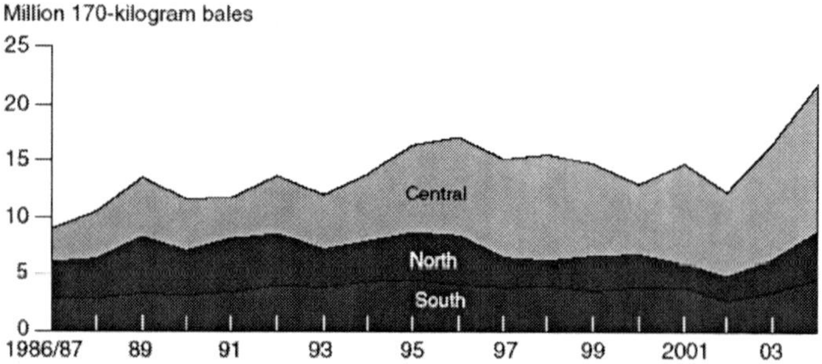


Source: U.S. Department of Agriculture, Foreign Agricultural Service, GAIN Reports.

**India: Yield gaps for major cotton varieties**

| Zone/state | Varieties | Share of state production | Potential yield | Yield gap range |
|---|---|---|---|---|
| | | *Percent* | *Kilograms/hectare* | |
| North: | | | | |
| Punjab | F414/F1054, J34/F846 | 91 | 1,200 | 700-800 |
| Haryana | H777, J34/F846 | 88 | 1,000 | 600-650 |
| Rajasthan | J34/RST-9 | 71 | 1,000 | 700-775 |
| Central: | | | | |
| Gujarat | H6 | 61 | 1,000 | 150-750 |
| Madhya Pradesh | H6/JKHy 1 | 41 | 600 | 300-500 |
| Maharashtra | NHH44 | 35 | 500 | 225-350 |
| | LRA 5166 | 28 | 400 | 225-350 |
| South: | | | | |
| Andhra Pradesh | MCU5, JKHy1/H4 | 24 | 800 | 400-650 |
| | MECH 1 and 11, LK861 | 72 | 600 | 400-650 |
| Karnataka | DCH32 | 49 | 1,200 | 200-1,000 |
| Tamil Nadu | DCH32, TCHB2 | 13 | 1,200 | 150-900 |
| | MCU5, LRA5166 | 82 | 1,000 | 150-900 |

Source: USDA/ERS calculations based on data from P. Ramasundaraman and H. Gajbhiye, 2001, *Constraints to Cotton Production in India*, Nagpur, India: Central Institute for Cotton Research, January 2001, 27 pp.

## c. Pakistan

En 1990, la répartition des exploitations par taille se faisait de la manière suivante :
- moins de 0,5 ha : 75%,
- entre 0,5 et 1ha : 8%,
- plus de 1 ha : 17%

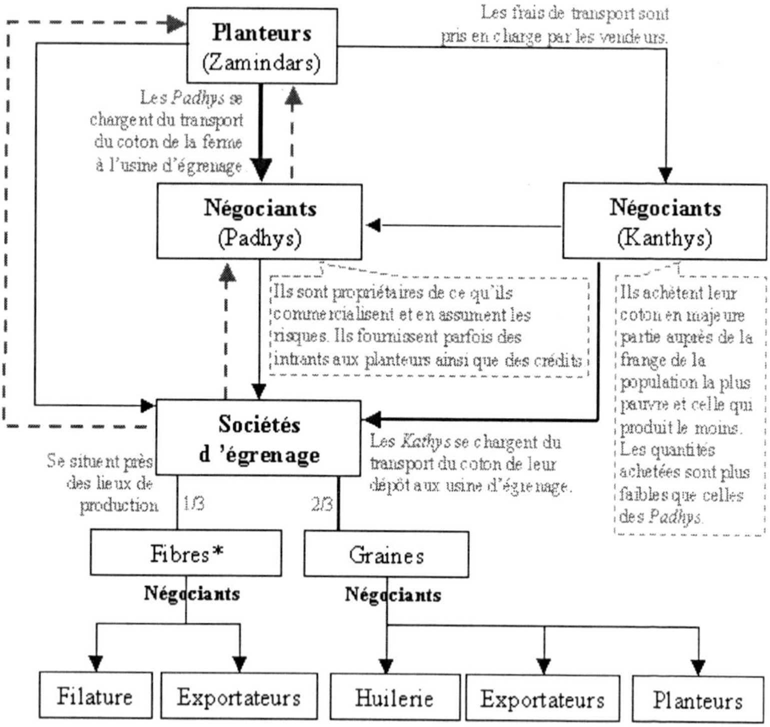


Possibilité de fourniture de crédit : les crédits fournis par les sociétés d'égrenage ont vocation à sécuriser les approvisionnements de celles-ci, c'est pourquoi ils sont souvent proposés à taux zéro *("cabaro contract")*.

* Prix fixé quotidiennement et de manière concertée par un comité composé de 6 acheteurs, 6 vendeurs et un officier gouvernemental sous les auspices de la *Karachi Cotton Association*

source : http://www.unctad.org/infocomm/francais/coton/filierc.htm#pakistan

## 8. *Initiative sectorielle en faveur du coton : échéancier*

Source : *Réunion pour la Défense de la soumission à l'OMC sur le coton Par les quatre pays initiateurs (Bénin, Burkina Faso, Mali et Tchad) : Proposition technique de plan d'actions et de soutien,* Genève, le 13 juin 2003, http://www.ictsd.org/africodev/analyse/coton/defensesoumissioncoton.pdf

Etat au 12 juin 2003

COTON : ECHEANCIER

| Echéance | Objet | Actions |
|---|---|---|
| en permanence | Mobilisation de l'opinion publique par les ONGs et les associations paysannes | Maintien du sujet dans les médias de sorte à sensibiliser un maximum de personnes et d'institutions dans le monde entier |
| 10 juin<br>Genève | **Réunion du Comité des Négociations Commerciales (CNC) de l'OMC** | Déclaration du Président Blaise Compaoré du Burkina Faso pour présenter l'initiative coton au nom de tous les pays signataires et associés. |
| 11 juin<br>Genève | Réunion de coordination entre les acteurs gouvernementaux et non gouvernementaux autour de l'initiative sur le coton | Préparation commune en vue de la réunion de l'UEMOA du 16 au 18 juin. Identification des besoins de soutien des quatre pays signataires de la soumission et élaboration d'un plan d'actions pour les ONGs engagés dans le coton. |
| 16-18 juin<br>Genève | Symposium OMC sur les défis avant Cancún | Débat sur le coton ouest Africain, animé par IDEAS Centre, ICTSD et OXFAM |
| 16-18 juin<br>Ouaga-dougou | Réunion ministérielle de l'UEMOA | Finalisation d'un rapport sur le coton, ainsi qu'élaboration d'une stratégie commune, axée sur le long terme, concernant la filière cotonnière en Afrique de l'Ouest |
| 19-20 juin<br>Île Maurice | Réunion des Ministres du Commerce de l'Union Africaine | Mobilisation des pays africains en faveur de l'initiative coton de l'Afrique de l'Ouest et du Centre |
| 21-22 juin<br>Sharm-el-Sheikh | **Mini-Ministérielle OMC sur invitation de l'Egypte** | Déclaration du Ministre du Commerce du Sénégal en soutien à l'initiative coton |
| 25-27 juin<br>Paris | Réunion de la Francophonie | Mobilisation des pays francophones en faveur de l'initiative coton de l'Afrique de l'Ouest et du Centre |
| 26-27 juin et 1<sup>er</sup> juillet<br>Genève | **Sessions spéciales du Comité de l'Agriculture de l'OMC** | Déclaration d'un Ministre du Commerce d'un des pays initiateurs pour défendre l'initiative coton au nom de tous les pays associés |

| | | |
|---|---|---|
| juin - juillet Washington et Bruxelles (dates exactes à confirmer) | Visites de Présidents des pays initiateurs dans les capitales des USA et de l'UE | Sensibilisation des pays concernés aux effets de leurs subventions sur les économies africaines et obtention de leur disponibilité à trouver une solution commune |
| Début Juillet Genève (à confirmer) | Réunion informelle des gouvernements donateurs intéressés à soutenir l'initiative coton (CH, NL, F, CND, UE/ACP, autres ?) | Les pays qui soutiennent déjà ou sont intéressés à soutenir la région dans le contexte du commerce international et en particulier de la soumission sur le coton se réunissent pour définir et coordonner leurs aides respectives |
| mi-juillet (dates et lieu exact à déterminer) | Réunion de Concertation entre gouvernements/acteurs de la négociation OMC et la société civile directement concernée ou impliquée (OPA, ONGs) | Réunion pour diffuser l'information auprès des milieux paysans et producteurs ainsi que des ONGs du Sud, afin de les impliquer directement dans l'initiative coton, de leur demander de faire des contributions et d'aider à assurer la visibilité sur tous les plans (national, régional et mondial) |
| Fin juillet Montréal (dates exactes à confirmer) | **Mini-Ministérielle OMC sur invitation du Canada** | Nouvelle déclaration du Ministre du Commerce du Sénégal en soutien à l'initiative coton |
| 30-31 juillet Bruxelles (dates et lieu à confirmer) | Réunion des Ministres du Commerce des pays ACP en vue de Cancún | Consolider le soutien des pays ACP pour la soumission coton |
| Fin juillet Genève | Réunion du Groupe de Cairns en vue de Cancún | Contacts des délégations africaines à Genève avec les pays du groupe de Cairns pour plaider en faveur de la soumission coton des pays AOC |
| 10-14 sept. Cancùn | **Conférence Ministérielle de l'OMC** | Négociations par les Ministres des pays initiateurs pour défendre l'initiative coton au nom de tous les pays associés |
| Sept.-Oct. (dates et lieu à confirmer) | Réunion régionale concernant la soumission sur le coton | Définition de la suite des actions liées à l'initiative coton et d'une stratégie de négociations pour les négociations bilatérales qui s'enchaîneraient entre les pays africains et les principaux pays qui subventionnent le coton (USA, UE, Chine) |

## 9. *OMC, Groupes de pays : Explication*

Source : http://www.wto.org/french/tratop_f/agric_f/negs_bkgrnd04_groups_f.htm

**ANASE** (Membres de l'OMC) :

Brunéi, Cambodge (à compter d'octobre 2004), Indonésie, Malaisie, Myanmar, Philippines, Singapour, Thaïlande

**CARICOM :**

Antigua-et-Barbuda, Barbade, Belize, Dominique, Grenade, Guyana, Jamaïque, Saint-Kitts-et-Nevis, Saint-Vincent-et-les Grenadines, Sainte-Lucie, Suriname, Trinité-et-Tobago

**"Considérations autres que d'ordre commercial"** = 38 pays ayant présenté conjointement la note G/AG/NG/W/36/Rev.1 (documents présentés à l'occasion de la Conférence sur les considérations autres que d'ordre commercial) :

Barbade, Burundi, Chypre, Corée, Estonie, Fidji, Islande, Israël, Japon, Lettonie, Liechtenstein, Malte, Maurice, Mongolie, Norvège, Pologne, République slovaque, République tchèque, Roumanie, Sainte-Lucie, Slovénie, Suisse, Trinité-et-Tobago, UE

**G-10 :**

Bulgarie, Corée, Rép. de, Islande, Israël, Japon, Liechtenstein, Maurice, Norvège, Suisse, Taipei chinois (voir "Groupement Europe-Asie de l'Est")

**G-20** :

1) WT/MIN(03)/W/6/Add.2: Afrique du Sud, Argentine, Bolivie, Brésil, Chili, Chine, Colombie, Costa Rica, Cuba, Égypte, El Salvador, Équateur,

Guatemala, Inde, Mexique, Nigéria, Pakistan, Paraguay, Pérou, Philippines, Thaïlande, Venezuela

**2**) WT/L/559 (pays participant à la Réunion ministérielle du G-20 des 11 et 12 décembre 2003) : Afrique du Sud, Argentine, Bolivie, Brésil, Chili, Chine, Cuba, Égypte, Inde, Indonésie, Mexique, Nigéria, Pakistan, Paraguay, Philippines, Tanzanie, Venezuela, Zimbabwe

**G-33** (compris comme englobant 42 pays) :

Antigua-et-Barbuda, Barbade, Belize, Bénin, Botswana, Chine, Congo, Côte d'Ivoire, Cuba, Grenade, Guyana, Haïti, Honduras, Inde, Indonésie, Jamaïque, Kenya, Madagascar, Maurice, Mongolie, Mozambique, Nicaragua, Nigéria, Ouganda, Pakistan, Panama, Pérou, Philippines, République de Corée, République dominicaine, Sainte-Lucie, Saint-Kitts-et-Nevis, Saint-Vincent-et-les-Grenadines, Sénégal, Sri Lanka, Suriname, Tanzanie, Trinité-et-Tobago, Turquie, Venezuela, Zambie, Zimbabwe

**G-90** (voir Union africaine/Groupe africain, pays ACP, pays les moins avancés)

**Groupe africain** (41 pays) :

Afrique du Sud, Angola, Bénin, Botswana, Burkina Faso, Burundi, Cameroun, Congo, Congo (Rép. démocratique du), Côte d'Ivoire, Djibouti, Égypte, Gabon, Gambie, Ghana, Guinée, Guinée-Bissau, Kenya, Lesotho, Madagascar, Malawi, Mali, Maroc, Maurice, Mauritanie, Mozambique, Namibie, Niger, Nigéria, Ouganda, République centrafricaine, Rwanda, Sénégal, Sierra Leone, Swaziland, Tanzanie, Tchad, Togo, Tunisie, Zambie, Zimbabwe

**Groupe de Cairns** (G/AG/NG/W/11, 35, 54, 93) :

Afrique du Sud, Argentine, Australie, Bolivie, Brésil, Canada (G/AG/NG/W/11, 35, 93), Chili, Colombie, Costa Rica, Guatemala, Indonésie, Malaisie, Nouvelle-Zélande, Paraguay, Philippines, Thaïlande, Uruguay

**"Groupe de pays en développement"** = pays ayant présenté conjointement les documents suivants :

**1)** G/AG/NG/W/13 (traitement spécial et différencié et catégorie développement) : Cuba, El Salvador, Haïti, Honduras, Kenya, Nicaragua, Ouganda, Pakistan, République dominicaine, Sri Lanka, Zimbabwe

**2)** G/AG/NG/W/14 (subventions de la catégorie verte) : Cuba, El Salvador, Haïti, Honduras, Kenya, Nicaragua, Ouganda, Pakistan, République dominicaine, Sri Lanka, Zimbabwe

**3)** G/AG/NG/W/37 (accès aux marchés) : Cuba, El Salvador, Haïti, Honduras, Inde, Kenya, Nigéria, Ouganda, Pakistan, République dominicaine, Sri Lanka, Zimbabwe

**"Groupement d'Amérique centrale"** :

Honduras, Nicaragua, Panama, République dominicaine : document parrainé WT/MIN(03)/W/10 à la Conférence ministérielle de Cancún

**"Groupement Europe-Asie de l'Est" : Coauteurs des documents suivants :**

**1)** JOB(03)/167 Bulgarie, Corée, Rép. de, Islande, Liechtenstein, Suisse, Taipei chinois

**2)** WT/MIN(03)/W/12 : Bulgarie, Corée, Rép. de, Islande, Israël, Liechtenstein, Japon, Norvège, Suisse, Taipei chinois (voir G-10)

**MERCOSUR:**

Argentine, Brésil, Paraguay, Uruguay

**"MERCOSUR+"** = pays ayant présenté conjointement les documents suivants:

> **1)** G/AG/NG/W/38 : MERCOSUR + Bolivie, Chili, Costa Rica
>
> **2)** G/AG/NG/W/104 : MERCOSUR + Bolivie, Chili, Colombie

**MERCOSUR, Bolivie, Chili, Costa Rica, Guatemala, Inde et Malaisie** : ont présenté conjointement la proposition G/AG/NG/W/139 sur les crédits à l'exportation

**Nouveaux Membres récents (Membres ayant récemment accédé) :**

> Albanie, Croatie, Géorgie, Jordanie, Moldova et Oman : ont présenté conjointement le document non officiel JOB(03)/170

**"Petits pays en développement insulaires" :**

> Barbade, Cuba, Dominique, Jamaïque, Maurice, Saint-Kitts-et-Nevis, Saint-Vincent-et-les Grenadines, Sainte-Lucie, Trinité-et-Tobago

**"Transition"** = pays ayant présenté conjointement les documents suivants :

> **1)** G/AG/NG/W/56 (soutien interne) : Albanie, Bulgarie, Croatie, Géorgie, Hongrie, Lettonie, Lituanie, Mongolie, République kirghize, République slovaque, République tchèque, Slovénie
>
> **2)** G/AG/NG/W/57 (accès aux marchés) : Bulgarie, Croatie, Estonie, Géorgie, Hongrie, Lettonie, Lituanie, République kirghize, République slovaque, République tchèque, Slovénie

**Union africaine/Groupe africain, pays ACP, pays les moins avancés** (également appelés “G-90”, mais avec 64 Membres de l’OMC)

Afrique du Sud, Angola, Antigua-et-Barbuda, Bangladesh, Barbade, Belize, Bénin, Botswana, Burkina Faso, Burundi, Cambodge, Cameroun, Congo, Côte d’Ivoire, Cuba, Djibouti, Dominique, Égypte, Fidji, Gabon, Gambie, Ghana, Grenade, Guinée, Guinée-Bissau, Guinée (Conakry), Guyana, Haïti, Îles Salomon, Jamaïque, Kenya, Lesotho, Madagascar, Malawi, Maldives, Mali, Maroc, Maurice, Mauritanie, Mozambique, Myanmar, Namibie, Népal, Niger, Nigéria, Ouganda, Papouasie-Nouvelle-Guinée, République centrafricaine, République démocratique du Congo, République dominicaine, Rwanda, Saint-Kitts-et-Nevis, Saint-Vincent-et-les Grenadines, Sainte-Lucie, Sénégal, Sierra Leone, Suriname, Swaziland, Tanzanie, Tchad, Togo, Trinité-et-Tobago, Tunisie, Zambie, Zimbabwe

## 10. *Quelques données sur les subventions*

*Données compilées par l'**ICAC/Baffes** sur les subventions à la production de coton*[146]

| | 1997/98 | 1998/99 | 1999/20000 | 2000/01 | 2001/02 | 2002/03 |
|---|---|---|---|---|---|---|
| Brazil | 29 | 52 | 44 | 44 | 10 | n.a. |
| China | 2 013 | 2 648 | 1 534 | 1 900 | 1 196 | 750 |
| Egypt | 290 | na | 20 | 14 | 23 | 33 |
| EU | 870 | 864 | 795 | 716 | 980 | 957 |
| Mexico | 13 | 15 | 28 | 23 | 18 | 7 |
| Turkey | na | 220 | 199 | 106 | 59 | 57 |
| US | 597 | 1 480 | 2 056 | 1 020 | 3 001 | 1 996 |
| **Total** | **3 812** | **5 279** | **4 764** | **3 822** | **5 287** | **3 814** |

*Source*: Table F11 from Baffes (2003), which itself is reported to be based on ICAC sources (ICAC 2002 and 2003). All numbers are expressed in $ million. 2001/02 and 2002/03 are preliminary estimates. The original ICAC data show estimates for Greece and Spain separately; they are added here for EU total.

146 Daneswar Poonyth, Alexander Sarris, Ramesh Sharma, Shangnan Shui, Commodities and Trade Division, the impact of domestic and trade policies on the world cotton market, FAO Commodity and Trade Policy Research Working Paper, n° 8, avril 2004, p. 27

*Données officielles compilées par l'**OMC** sur les subventions à la production de coton*

| | 1997 | 1998 | 1999 | 2000 | 2001 | 2002 |
|---|---|---|---|---|---|---|
| Brazil | 55.3 | n.n. | n.n. | n.n. | n.n. | n.n. |
| China | - | - | - | - | - | n.n. |
| Colombia | 1.1 | 0.817 | 2.3 | n.n. | n.n. | n.n. |
| Egypt | 0 | 0 | n.n. | n.n. | n.n. | n.n. |
| EU | 718 | 654 | 627 | n.n. | n.n. | n.n. |
| India | 0 | n.n. | n.n. | n.n. | n.n. | n.n. |
| Mexico | 0 | 0 | n.n. | n.n. | n.n. | n.n. |
| Pakistan | 0 | 0 | 0 | n.n. | n.n. | n.n. |
| Turkey | 0 | 0 | 0 | 0 | 0 | n.n. |
| United States [1/] | 466 | 1 244 | 2 955 | n.a. | n.a. | n.a. |
| **Total** | **1 240** | **1 899** | **3 584** | - | - | - |

*Notes*: A "-" means not applicable (e.g. China was not a member of WTO in that year), and n.n. indicates "not notified", as of January 2004

[1/] For the United States, these figures include cotton-specific AMS as well as an estimated portion of Market Loss Assistance (MLA) payment (see Table 5 below for various support measures). The United States has notified the MLA payments as AMS but under non product-specific category and so the share to cotton is not explicit. For this paper, this share has been assumed to be 11 percent of the total MLA payment, which is the same proportion as the share of cotton AMS in total product-specific AMS. Our estimate is very close to the outlay shown in Table 4 by Baffes.

*Source*: Compiled from notifications to the WTO, as of January 2004.

# TABLE DES MATIÈRES

**L'HARMATTAN, ITALIA**
Via Degli Artisti 15 ; 10124 Torino

**L'HARMATTAN HONGRIE**
Könyvesbolt ; Kossuth L. u. 14-16
1053 Budapest

**L'HARMATTAN BURKINA FASO**
Rue 15.167 Route du Pô Patte d'oie
12 BP 226
Ouagadougou 12
(00226) 50 37 54 36

**ESPACE L'HARMATTAN KINSHASA**
Faculté des Sciences Sociales,
Politiques et Administratives
BP243, KIN XI ; Université de Kinshasa

**L'HARMATTAN GUINÉE**
Almamya Rue KA 028
En face du restaurant le cèdre
OKB agency BP 3470 Conakry
(00224) 60 20 85 08
harmattanguinee@yahoo.fr

**L'HARMATTAN CÔTE D'IVOIRE**
M. Etien N'dah Ahmon
Résidence Karl / cité des arts
Abidjan-Cocody 03 BP 1588 Abidjan 03
(00225) 05 77 87 31

**L'HARMATTAN MAURITANIE**
Espace El Kettab du livre francophone
N° 472 avenue Palais des Congrès
BP 316 Nouakchott
(00222) 63 25 980

**L'HARMATTAN CAMEROUN**
BP 11486
Yaoundé
(00237) 458 67 00
(00237) 976 61 66
harmattancam@yahoo.fr

Achevé d'imprimer par Corlet Numérique - 14110 Condé-sur-Noireau
N° d'Imprimeur : 44104 - Dépôt légal : octobre 2007 - *Imprimé en France*